隐私经济

——个人数据的多维权衡

王 忠 著

海洋出版社

2019年·北京

图书在版编目（CIP）数据

隐私经济：个人数据的多维权衡/王忠著．—北京：海洋出版社，2019.7

ISBN 978-7-5210-0384-0

Ⅰ.①隐…　Ⅱ.①王…　Ⅲ.①私人-经济信息-数据管理-研究

Ⅳ.①C913.3②TP274

中国版本图书馆 CIP 数据核字（2019）第 135888 号

责任编辑：杨　明

责任印制：赵麟苏

海洋出版社　出版发行

http：//www.oceanpress.com.cn

北京市海淀区大慧寺路 8 号　邮编：100081

北京朝阳印刷厂有限责任公司印刷　新华书店发行所经销

2019 年 7 月第 1 版　2019 年 7 月北京第 1 次印刷

开本：787mm×1092mm　1/16　印张：15

字数：166 千字　定价：50.00 元

发行部：62132549　邮购部：68038093　总编室：62114335

序　言

我们享受着现代生活的各种便利，大门不出二门不迈，美食、服饰都可以送货上门；想出行，网约车上门接送，甚至能使用廉价的顺风车；一时周转不畅，无需开口求人借钱，互联网金融个人贷款即刻到账。我们享受所有便利之时，除了支出的真金白银，还有一项至为关键的成本：个人数据。现今个人数据成为具有稀缺性的经济资源。为了最大化地获取其福祉，无论是个人、企业还是政府都需要提高其资源配置效率。本书写作的主要目标是使读者对其有全景式的了解，纵向维度，从收集、处理、交易、使用的数据流通过程进行了分析；横向维度，选择广告、健康、就业、征信、共享经济、婚恋等行业进行了分析；利益相关者维度，对个人、收集者、处理者、销售者以及监管者等核心相关者进行了分析。

1　稀缺个人数据的多重权衡

较之于其他资源，个人数据最为关键的特征是涉及隐私。隐私有很多种定义，不同时代、不同国家或地区对隐私也有不同的认识。更为微妙的是，同一个人在不同时期、不同环境下，对隐私都会有不同的看法。对于如此漂浮不定的概念，却有一个共同认定的内核，那就是“个人信息”[①]。隐私可以视为个人信息的子集，有些信息愿意让人知道，只有不愿意让人知道的才是隐私。在当今信息时代，信息化无孔不入，个人信息的具体表现形式就是个人数据[②]。因此，隐私就变成了个人对于其个人数据保护与分享的取舍。

面对着无处不在的数据收集者，消费者几乎时刻面临着数据分享与保护的权衡：哪些数据可以分享？哪些数据需要保护？与此同时，其他的利益相关者可能有着更为复杂的权衡，例如收集者在进行数据收集的成本效益分析、交易双方在评估数据的风险与价值、使用者在考虑使用的领域和方式等。因此，这一系列个人数据资源配置的活动可以统称为隐私经济。

隐私经济已经渗透到现代社会的方方面面，然而不少人却对其视而不见，或者认为微不足道。例如，人们在使用谷歌或百度搜索时，很少会注意到搜索结果中的广告排名，更没有注意到随后一段时间浏览器上的广告变化，更不用说推想背后所隐藏的一个巨大的广告生态系统是如何收集数据、分析偏好、广告竞价以及精准营销。对隐私经济缺乏基本的认识，人们可能在不知不觉中遭受经济或精神损失，甚至为之付出巨大的代价。而且，隐私经济影响的不仅仅是个人，其外部性将波及企业、公共部门乃至整个国家。针对消费者，本书将介绍

① 例如有的定义认为“个人信息”不全面，应该加上“个人领域”。根据《信息安全技术 个人信息安全规范》（GB/T 35273-2017）定义，个人信息是以电子或者其他方式记录的能够单独或者与其他信息结合识别特定自然人身份或者反映特定自然人活动情况的各种信息。

② 个人数据、个人信息具体的概念辨析请参见本书作者所著的《大数据时代个人数据隐私规制》，社会科学文献出版社，2014 年出版。

哪些个人数据被收集，存在哪些风险，数据是如何流通、如何被使用；针对企业，介绍数据收集所需考虑的影响因素，如何交易和使用，以及如何确定安全防护水平；针对重点行业，揭示个人数据使用现状、前景及隐私风险；针对监管部门，分析隐私治理的国际经验及发展趋势。

2　个人数据资源利用流程

个人数据并非普通商品，但在其价值挖掘过程中，也会经历生产、加工、交易、使用的资源利用流程。

首先，个人信息是客观存在的，但是作为其具体表现形式的个人数据，却需要一个生产过程。个人数据的生产类似于采矿，生产者投入设备、技术、劳动力等采集和整理资源。当然，个人数据的采集主要投入的是信息基础设施、软件系统、网络平台、工程师等。然而，采矿业产权清晰，但数据资源的产权归属尚没有明确的法律规定。长远的权属分配方案不应局限于数据主体和数据控制者之间的利益分配，而应力求社会总效应的最大化。

其次，个人数据流通是实现其价值挖掘的关键环节。个人数据既可以是中间产品，又可能是最终产品，有多种流通模式。由于存在较高的隐私风险，中介在流通中必将扮演重要的角色。个人数据流通的中介并非传统意义的中介，而是以大型互联网平台为主体。能获得个人信任并降低个人注册成本的中介将会集聚大量的个人数据资源，使得市场产生数据垄断的隐患。一个网站如果提供新用户注册的同时还提供 QQ 验证登陆，绝大部分用户会直接用 QQ 登陆而放弃注册选项。

使用是个人数据收集和流通的最终目的。个人数据所反映的个人特征或属性日益被视为商业资产，能用于服务或者产品的市场定位，提供精准的广告，或与其他企业进行数据交换。挖掘个人数据蕴含的价值的新兴产品或新的公司甚至新的业态不断涌现，例如众包，或在线精准广告生态系统。此外，价格歧视也被企业广泛应用，以获取更多的消费者剩余。不断丰富的个人数据，不断进步的数据分析工具及产品，使得个人数据主体及控制者实现了双赢。尽管如此，人们的隐私顾虑也在随之增加。

3 隐私经济的重要行业

信息社会的到来，尤其是互联网的兴起，使得可被收集、存储、分析和二次开发的个人数据的规模呈现爆炸式增长。移动互联网和物联网的迅速扩散，使得数字和物理、离线和在线的界限日益模糊。个人数据的生产几乎随时随地都在进行。在此进程中，各行各业都受到了影响，尤其有些行业甚至受到了颠覆式冲击。

健康数据涵盖了保健养生、疾病治疗、传染病预防、临床医药等多个领域，遍及人的全生命周期，可能其数据来自于医院、诊所、体检机构等渠道，是国家重要的基础性战略资源，也是个人健康和疾病防控的数据宝藏。这些数据的应用包括慢性病防控、传染病监测预警、医疗保险提效控费、药品消费合理化等方面。但是，这些数据又极为敏感，世界各国对其使用都极为审慎。

有些婚恋交友平台通过分析男女嘉宾个人微博、浏览的网页、喜欢的电影等网络足迹，来分析其恋爱观、婚姻观、性格习惯等，基于此对男女嘉宾进行匹配。很多人认为，用大数据匹配婚恋，更聚焦于当事人的兴趣爱好、性格习惯、价值观念等，因此婚姻匹配得更为精准一些，有助于提高两人修成正果的可能性。匹配计算的前提是个人数据的收集和审核，个人是否应该提供真实数据，算法的效果如何验证，算法是否要承担社会责任，这些都需要深入探讨。

劳动市场中，雇主往往根据简历中提供的信息推断候选人的个人特征，并使用该信息选择未来的员工。应聘者应该提供哪些个人数据，如何避免雇主可能存在的歧视？雇主怎样避免被应聘者欺骗，开展背景调查是否侵犯隐私？宏观的层面，政府则需要考虑如何构建公平的就业市场。

共享经济的前提便是分享个人数据。只有掌握对方的基本情况，或者有可靠的第三方掌握对方信息，才能建立信任，分享房屋、交通工具等本来私有的固定资产。在共享过程中，存在一系列的隐私风险。平台则不仅仅只是发布信息，还承担着重要的责任。

4　个人数据治理

经济学主要是研究稀缺资源的权衡取舍问题。由于隐私的表现形式就是个人数据，隐私经济主要研究稀缺的个人数据的权衡取舍问题。个人数据不仅仅是个人的事。随着个人数据需求日益旺盛，稀缺性不断提升，资源争夺日益激烈，个人数据影响波及各行各业乃至整个社会体系。因此，隐私经济不仅仅考虑个人决策，还考察个人数据供需关系（涉及数据需求方），流通过程（涉及数据生产、处理、交易和使用），以及由此带来的外部性（社会福利或社会成本），乃至全过程的监管机制。

面对普遍的个人数据隐私信任危机，旺盛的企业数据需求，复杂的个人数据外部性，隐私经济治理需要高超的技巧。发达国家已经先行探索了监管模式及措施，有一些经验可以借鉴。例如，有些个人数据的公开可能导致利益再分配，也就是说有人欢喜有人忧，应合理拿捏；有些个人数据一旦公开会降低整体的社会福利，出现共输，应严加保护。

在经济全球化背景下，个人数据的跨境流动日益频繁。这种流动带来的影响比资本、劳动力更为复杂。欧盟较早出台了相关监管机制，我国在这方面亟需完善。此外，数据泄露的告知机制也是先发国家重要的制度建设之一，我国尚没有出台实施细则。隐私增强技术的发展前景广阔，相关的激励或者监管也值得探讨。

5 本书框架

本书分为 3 篇 16 章。为了便于阅读，可以参考本书的框架图。篇章结构概述如下：

第 1 篇为第 1~4 章，分析个人数据流通过程。

第 1 章个人数据生产，介绍收集的个人数据的类型、风险、渠道、方式，收集者的得失权衡以及个人数据作为经济物品的特性。

第 2 章个人数据加工，介绍数据加工的匿名、化名与数据价值的权衡以及匿名处理标准，数据处理自营与外包的决择以及数据处理者的责任。

第 3 章个人数据交易，介绍个人数据市场生态，数据流通模式，数据价格及其影响因素。

第 4 章个人数据利用，介绍商业领域典型的数据利用，如精准营销和价格歧视，以及公共部门数据利用情况。

第 2 篇为第 5~9 章，介绍个人数据利用的重要行业，分析具体行业个人数据应用领域、隐私风险、应用趋势以及给利益相关方的建议。

第 5 章广告业，介绍电商、社交及搜索平台的广告中介本质，并分析不同平台上商家、平台与用户的博弈关系。

第 6 章健康产业，介绍健康数据来源、电子病历的普及、基因数据的发展、商业应用案例、大数据应用面临的困境以及建议。

第 7 章劳动市场，介绍在求职以及任职过程中，员工与雇主之间的信号传递与获取行为、影响及策略。

第 8 章征信行业，介绍美国和中国征信制度以及信用评分中个人数据的使用情况。

第 9 章共享经济，介绍共享经济的红利及额外成本，并分析共享经济中供给者、消费者和平台的权衡关系。

第 10 章婚恋行业，介绍婚恋平台求偶的各种风险，平台在数据审核之时的经济考量，以及对于平台发展的措施建议。

第 3 篇为第 11~16 章，多元视角分析隐私治理机制。

第 11 章个人的权衡，分析个人分享数据的得失，解析隐私悖论存在的原因，介绍了个人数据越来越贵的发展趋势，并分析了数据价值套现、隐私控制悖论等常见问题，最后给消费者提出了一些建议。

第 12 章监管者的权衡，分析监管者面临的两难选择，介绍监管的国际经验，并提出监管的建议。

第 13 章数据权属，介绍数据争夺的具体情况，分析经济学和法学对于数据权属的主要观点，并提出不宜赋予排他性私权，而应鼓励和规范数据流通。

第 14 章数据泄露告知机制，介绍该制度的重要性，美国和欧盟的相关经验以及对我国的启示。

第 15 章隐私增强技术，分析了数字货币的隐私增强作用，展望了隐私增强的光明前景，分析了区块链隐私保护需要突破的难题以及隐私增强与数据收集之间的博弈。

第 16 章数据跨境流动，介绍了国家之间的数据流动与数据争夺，分析了数据出境的隐患，并提出了相关建议。

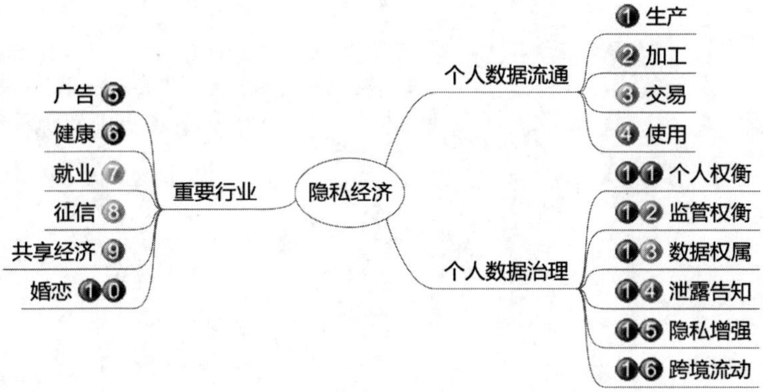
隐私经济
重要行业
广告 5
健康 6
就业 7
征信 8
共享经济 9
婚恋 10
个人数据流通
1 生产
2 加工
3 交易
4 使用
个人数据治理
11 个人权衡
12 监管权衡
13 数据权属
14 泄露告知
15 隐私增强
16 跨境流动

图 1　整体框架图

目　　录

第1篇　个人数据流通

第3篇　个人数据治理

第1篇　个人数据流通

"家里孩子一上学，推销课外培训课程的电话能从孩子一年级一直打到六年级毕业，家长受到轮番电话骚扰。"[①] 宁夏公安部门针对教育培训机构组织了一次清查，打掉了一个长期盘踞在银川市以侵犯中小学生个人信息为主的团伙，抓获犯罪嫌疑人6人，缴获公民个人信息1 000余万条。这个报道只是冰山一角，类似的个人数据黑市存在于很多地区和行业。

个人数据从生产、交易到使用有一个生命周期。不同于其他产品，个人数据既是中间产品，又可以是最终产品，其生命周期更为复杂，主要包括以下环节：

（1）收集

个人数据生产的关键方式就是数据收集，收集者通过电脑、移动智能终端、互联网、物联网以及各种监控设备等多种途径收集个人数据。随着可穿戴设备的普及，收集的个人数据种类将越来越多，涉及领域也会越来越广泛。

---

① https：//baijiahao. baidu. com/s？ id = 1623509207675534164&wfr = spider&for = pc

（2）处理

收集的个人数据需要进行处理方可应用。有处理能力的收集者一般自己进行数据处理，如果处理不了则会外包给专业数据处理公司进行处理。外包的过程中可能出现数据的流通，即收集者将数据传输给处理者；也可能不出现数据流通，数据依然由收集者进行控制，处理者通过 API 接口访问数据。

（3）交易 I

在国外，个人数据交易可以是数据主体和其他市场主体之间的行为，如可以出售个人数据的 killi（手机 APP），或者美国的 Factual 公司推出数据超市。在我国，由于《刑法》有侵犯公民个人信息罪，个人不能交易本人或者他人的具有主体识别能力的个人数据，因此原始个人数据主要以黑市的形式进行交易。但是也还存在一种交易方式，就是双方共享数据的数数交易。双方以签订合作协议的形式，将所收集的数据相互共享，共同服务于消费者。

（4）交易 II

被收集和处理的数据，收集者除了自用，还需要通过交易才能实现其价值。国内目前蓬勃发展的数据交易中心交易的数据都需要经过匿名处理。为了区别于原始数据，后文称之为个人数据产品。

（5）应用

个人数据应用领域很广，包括商业应用、科学研究、公共服务等。商业方面最为典型的应用就是精准营销和价格歧视，公共服务则主要服务于公众和企业。

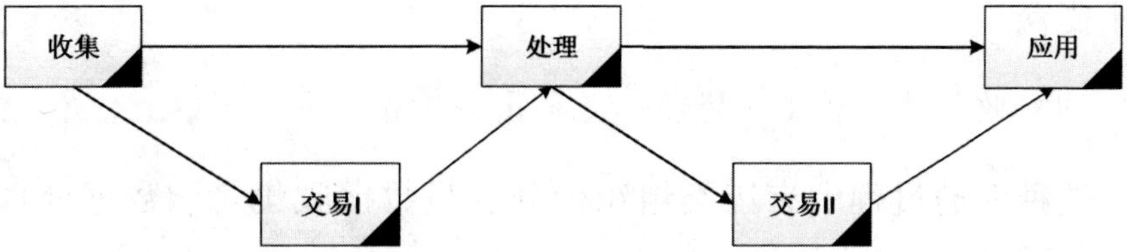

图 2　大数据环境下个人数据利用流程图

总之，个人数据的流通过程大致可以分为以下 4 种：

(1) 收集—处理—应用

这种流通过程中组织既是数据收集者，又是数据处理者，还是数据应用者，中间没有出现交易环节。现在大多数医院是一个很好的例子，在收集病人的电子诊疗记录之后，医院自己进行处理和应用。

(2) 收集—处理—交易 Ⅱ—应用

这种流通过程中有两类组织，前者既是数据收集者，又是数据处理者，后者是数据应用者。征信行业基本就是这种数据流通方式。很多征信企业收集数据之后进行征信评级，然后将评级的结果卖给一些金融机构或者大项目的招标单位。

(3) 收集—交易 Ⅰ—处理—应用

这种流通过程中有两类组织，前者是数据收集者，后者既是数据处理者又是数据应用者。广告行业基本就是这种数据流通方式。广告企业会从一些收集数据者那里购买所需的个人数据，之后进行数据处理，制定精准营销或者价格歧视的方案，然后将这些方案应用于受众。

(4) 收集—交易Ⅰ—处理—交易Ⅱ—应用

这种流通过程中有三类组织，分别是数据收集者、数据处理者和数据应用者。咨询行业基本就是这种数据流通方式。咨询机构会从一些数据收集者那里购买所需的个人数据，之后进行数据处理，开发出解决方案或者咨询报告，然后将这些方案或者报告提供给委托方。

1 特殊经济物品的生产

随着人类社会的形成，个人信息也逐渐产生，并且内涵不断丰富。个人信息转换为个人数据则是技术发展到一定阶段的产物。只有人们会记录信息，才出现个人数据。人类最早的信息记录方式之一是结绳记事。如果想象一下最初的应用场景可能就是借贷了，例如记录邻居借了我几筒粮食。不管是后来演进出来的龟板、竹简、帛、纸，乃至于近代的胶卷、磁带，个人数据都是较为零散地存在于独立的载体或者系统中。

信息技术的迅猛发展，尤其是互联网的兴起，不仅使得更多的个人信息能转换成为个人数据，而且极大扩充了可被收集、存储、分析和二次开发的个人数据的规模。Web2.0 的崛起，使得个人不再仅仅是信息消费者，也是高度个性化数据的生产者。人人参与个人数据生产，使得数据处于爆炸式增长状态。在此背景下，催生了一种个人数据生态系统，有的收集、有的处理、有的销售。在该生态体系中，数据收集是最为基础的环节。

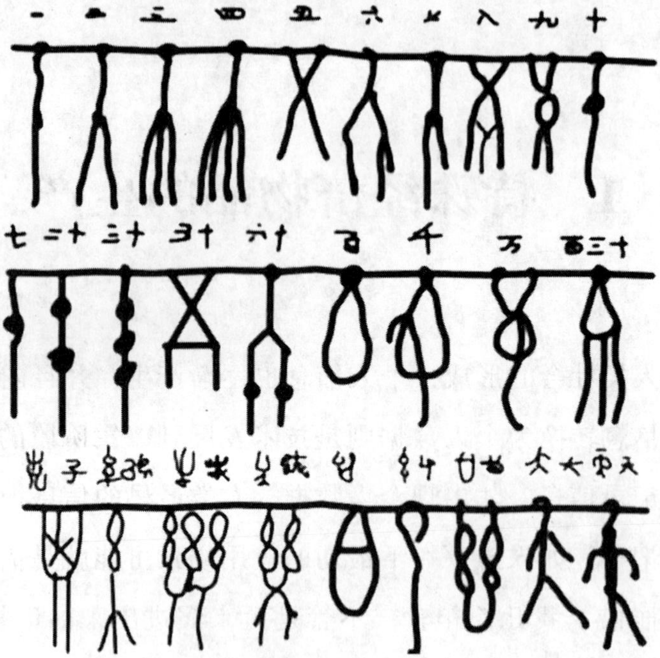

图 3　结绳记事

图片来源：https：//baijiahao. baidu. com/s？ id＝1615173055173345962&wfr＝spider&for＝pc

1.1　被收集数据的类型及其风险

在信息时代，人们的各种行为轨迹都会留下数字轨迹。这些数字轨迹既包括日常生活吃、住、行、游、购、娱等内容，又包括学习、工作、情感、社交等方面的内容。面对无处不在的数据收集设备、无孔不入的数据收集手段，我们有哪些数据能被收集呢？根据《信息安全技术个人信息安全规范》，个人信息包括姓名、出生日期、身份证件号码、个人生物识别信息、住址、通信通讯联系方式、通信记录和内容、账号密码、财产信息、征信信息、行踪轨迹、住宿信息、健康生理信息、交易信息等。这些列举的信息仍然只是部分信息。随着技术条件的不断变化，新的信息类型不断产生，枚举是不可能穷尽的。目前，被收集的主要数据类型包括：

1.1.1　基本信息

个人基本信息最为广泛的数据采集类型主要包括：姓名、性别、年龄、身份证号码、电话或手机号码、Email 地址、受教育程度、就业情况、户籍地址、居住地址。

与欧美文化不同，国人对姓名很敏感。正如俗语所说“坐不改名，行不改姓”。一般陌生人不能随便问姓名。事实上，姓名并非个人信息中最为敏感的，毕竟同名的人很多。有些被忽视的是身份证号码。中国的身份证号码具有唯一识别性。日常生活很多数据收集场景都采用实名制，要求输入身份证号码。这样不仅存在隐私风险，还存在其他的安全风险，可能被冒充、诈骗。

1.1.2　购物数据

截至 2017 年 12 月，我国网民规模达 7.72 亿，网络购物用户规模达到 5.33 亿，占网民比例为 69.1%[①]。人们在网购过程中浏览、点击、购买、支付、物流、评价等数据都被电商平台或者企业所收集。对于用户个人，反而只掌握基本的订单数据。自己的数字轨迹

① 数据来源：中国互联网络信息中心（CNNIC）在京发布第 39 次《中国互联网络发展状况统计报告》。

可能很快就遗忘了，数据收集者却能做到全面收集，甚至进行处理和交易。

通过对网购数据的分析处理，商户往往能给用户发送精准定位的广告，能减少用户的搜索成本，甚至还能获得相应的优惠券。在享受这些便利和优惠的同时，也可能面临着价格歧视的风险，即给不同的消费者不同的价格，诱导消费者高价购买。甚至可能根据消费者的特点，诱导过度消费。

1.1.3 社交数据

截至2017年12月，微信朋友圈、QQ空间用户使用率分别为87.3%和64.4%，微博达到40.9%。人们在社交媒体的文本、图片、视频、地理位置社交都被这些平台保留，有些还被网络爬虫抓取。

近些年不断爆出一些舆情事故，由于微博、朋友圈不当言论，招致网友众怒，当事人受到严重影响，甚至受到党纪国法处分。例如2018年4月厦门大学在读研究生田佳良以“@洁洁良”的网名在新浪微博上发表错误言论，产生了十分恶劣的社会影响，以至于开除党籍给予退学处分。在开放空间的言论自然接受众多网民的评论和监督。而随后9月份的“家长微信晒官求照顾”事件，微信聊天记录属于私密空间发生的，随意转发是否侵权？不容忽视的是，手机便捷的截屏功能对个人隐私构成了很大的威胁。目前也没有相关的规章制度对此进行规范。

1.1.4 位置或出行数据

很多服务提供的前提是消费者提供位置信息，尤其是手机 APP 的服务，例如外卖送餐、导航、打车服务等。手机本身就在不断收集用户的位置数据，还有汽车的 GPS 也在收集位置数据。另外有一些不是专门收集位置数据的工具，例如公交卡、公共交通工具，以及城市中密集安装的摄像头，也能掌握一个人的位置状况。

位置数据的商业价值不言而喻，商业网点布局、精准营销等都能从中获益，各类商家都在积极获取。社会价值更是不可估量，交通管理部门可以用其优化公共交通线路，完善交通基础设施规划；公共安全部门可以用其提高侦破案件概率，从而预防或者打击犯罪。对于个人而言，位置数据被掌握，不仅仅是隐私泄露，严重时人身安全都可能受到威胁。

1.1.5 住宿数据

我国公安部门规定顾客在入住酒店时必须登记本人有效的居民身份证。实名制的规定使得酒店掌握了客人的基本信息。此外，酒店还会有客人的银行卡信息，以及一些住宿偏好的信息。更为关键的是，这些信息几乎都是真实信息。以往酒店行业比较分散，信息系统彼此隔离。随着连锁酒店的快速发展，住宿数据也在总部的信息系统实现了集中。这就使得某些酒店集团拥有大量的数据。

住宿信息向来是敏感信息，却频繁发生泄漏事件。例如，2013 年如家、汉庭等酒店被发现数据存储平台存在漏洞，2017 年洲际酒店集团超过1 000家酒店遭遇支付信息泄露。其中尤为严重的是2018年8月，华住集团住户5亿条数据被黑市叫卖，包括华住官网的注册资料、入住登记身份信息和酒店开房记录[①]。酒店行业掌握的数据无论质量还是数量都很有吸引力。而作为传统服务行业，对于信息安全方面意识较为薄弱，往往投入不足，管理不规范。这就导致了住宿数据成为了用户数据泄露的重灾区。

1.1.6 教育数据

现代社会基本建立了终身教育体系，除了最为基础的中小学教育和大学教育，各种技能或职业培训几乎人人都会经历。尤其是在线教育的普及，人们随时随地都能接触各种教育资源。在接受教育之时，人们也留下来丰富的数字轨迹。除了个人基本信息外，还有参与的各项课程，考勤情况，课程表现及作业，考试试卷及成绩等。

教育数据反映出来的不仅仅是一份学习成绩，还能体现学习态度、学习能力、知识结构等。教育信息往往是就业市场上一个常用的信号，尤其是具有较好教育背景或者成绩的人，求职者一般不会将其视为隐私。但是在特定阶段或者条件下，教育数据敏感性也不容忽视。在美国的大学，如果公布成绩会进行匿名处理。日本的公立学校，不计分数、不作排名，成绩是学生自己的隐私。在法国，成绩只有学生本人和家长知道。将成绩作为学生个人隐私是发达国

① 华住官网注册资料信息包含身份证、手机号、邮箱、身份证号、登录密码等。一共53G，约1.23亿条记录；入住登记身份信息包含姓名、身份证号、家庭住址、生日、内部ID号，一共22.3G，约1.3亿条；酒店开房记录包含内部ID号、同房间关联号、姓名、卡号、手机号、邮箱、入住时间、离开时间、酒店ID号、房间号、消费金额等，共66.2G，约2.4亿条。

家的普遍做法。以往，国内都有张榜公布学生成绩的惯例。随着时代的变化，人们也逐渐接受了成绩是学生隐私这一观念。国内部分省市也开始保护学生的成绩数据。上海早在 2004 年就已在该市《未成年人保护条例》中明确规定“不得张榜公布学生考试成绩名次”。

1.1.7　健康数据

健康数据是指与自然人的身体或精神健康相关的、显示其个人健康状况信息的个人数据，涵盖了保健养生、疾病治疗、传染病预防、临床医药等多个领域，遍及人的全生命周期。健康数据可能来自于医院、诊所、体检机构等渠道，是国家重要的基础性战略资源，也是个人健康和疾病防控的数据宝藏（俞国培，包小源，黄新霆等，2014）。国家卫计委（2018 年更名为国家卫生健康委员会）2014 年在《人口健康信息管理办法（试行）》中对“人口健康信息”进行了定义：人口健康信息是指依据国家法律法规和工作职责，各级各类医疗卫生计生服务机构在服务和管理过程中产生的人口基本信息、医疗卫生服务信息等人口健康信息。参照前述“人口健康信息”的定义，“健康数据”主要是指个人免疫、体检、门诊、住院等健康活动所产生的数据。不过，随着可穿戴设备等物联网智能产品的普及，广义上的“健康数据”还可延伸至个人使用健康医疗移动应用而产生的数据（万琦，2013）。

健康数据尤其是医疗数据向来被视为敏感数据，几乎世界上所有国家和地区都对其进行保护。同时，该数据也是商业价值最大的数据之一，可以用于健康管理、健康险产品开发，乃至于金融行业、就业市场都对该数据感兴趣。银行贷款给身体不健康的人，违约风险就会增加。企业招聘不健康的职工，其工作效率一般不如健康员工。

健康数据收集技术的发展日新月异，可获得的健康数据将越来越多，不仅包括我们的身体机能和主观情绪，还能掌握我们的基因组，以及越来越多发生在我们身体内部的事情。例如，英国的 Proteus 公司开发出一种智能药片，吞咽进入体内后，将巧妙地由我们自己的胃酸提供动力，检测并发送有关消化系统的实时数据。还有公司发明了一些非常小的设备，可以进入血液，获得关于冠状动脉系统的准确信息。这些数据的采集和使用能大大改善我们的健康状况，但是信息如果被泄露出去，也会形成很多困扰。

1.1.8 基因数据

基因数据指的是和自然人的遗传性或获得性基因特征相关的个人数据，这些数据可以提供自然人生理或健康的独特信息，尤其是可以通过对自然人生物性样本进行分析而得出的独特信息。2018 年 11 月曝出的基因编辑婴儿事件引起了人们对于基因编辑的关注。基因编辑的前提是基因测序，只有测序后与正常基因进行比对，才能发现致病的基因，并通过人为编辑进行干预。

2007 年，人类第一次完成个人基因组测序时花费了近 100 万美元。近几年，分析遗传信息的速度迅速上升而成本急剧下降，现在国内外有很多公司，例如 Family Tree DNA、Ancestry. com、华大基因，都能以数千元的价格进行基因数据分析。这也成为了一个迅速增长的市场，带动着基因测序、疾病预测与防治等相关技术的发展。

基因数据可以说是人的底层代码，其敏感性可想而知。如果基因数据被泄露，后果不堪设想。尤其是含有基因缺陷的人，其信息如果被保险公司掌握，可能保费就会飞涨；如果基因数据被雇主掌握，可能就面临失业的风险。在恋爱或者婚姻关系中，公开基因数据也可能导致关系破裂。

1.1.9　生物识别数据

生物识别数据指的是基于特别技术对自然人的相关身体、生理或行为特征进行处理而得出的个人数据，这种个人数据能够识别或确定自然人的独特标识，较常见的有指纹数据、声纹数据、脸部形象或虹膜数据。虹膜是位于黑色瞳孔和白色巩膜之间的圆环状部分，其包含有很多相互交错的斑点、细丝、冠状、条纹、隐窝等的细节特征。虹膜在胎儿发育阶段形成后，在整个生命历程中将保持不变，也是常用的身份识别数据。

除了这些常用的数据，以后可能不需要近距离的特殊验证，在人们不经意走过之时，通过体型以及脚步频率、力度就能实现身份识别。由于可穿戴设备将越来越普及，人们在使用之时的各种生物数据都被其所收集。只要随意的一个数据片段的比对，就能迅速判定真实身份。从积极的方面看，日常生活中的各种身份识别可能被简化。然而，万一数据被盗也会带来巨大风险，尤其是各种便捷的金融服务，可能要面对各种诈骗行为。

1.2 收集渠道

移动和感知技术的迅速扩散，使得虚拟和现实、离线和在线的界限变得越来越模糊。以往很多活动是人们私下进行，几乎不留踪迹。例如几十年前人们在本子上写日记，不用经过第三方就能保存好自己的隐私。现在人们将日记写在社交网站或者 APP 上，不知不觉中，数据就已经被收集。从数据格式来看，既有文本文件，又有图像、音频和视频文件。最常见的数据收集渠道如下：

1.2.1 手机

工业和信息化部发布的数据显示，截至 2018 年 4 月，中国三家基础电信运营商移动电话用户数达到 14.8 亿户，4G 用户 10.8 亿户，手机上网用户 12.2 亿户。除了小孩、老人、残障等特殊人群，普通人基本实现了全覆盖。对于不上网的用户，通过手机收集的数据相对较少，主要是电信运营商收集通话记录，手机制造商收集位置信息。有些用户数据虽然存储在手机中，并不能上传给数据收集者。

对于上网的手机用户，除了前述运营商和制造商收集数据，还有众多收集者在收集各类型数据。我们每安装一个 APP，就会出现弹出窗口“是否允许访问通讯录、位置、存储”等，这些访问实质就是收集用户的数据。绝大部分 APP 如果选择“拒绝访问”，将不能使用其功能。这就相当于以个人数据换取使用 APP 的权限（赵丽莉，靳旭，2018）。此外人们用手机上网时，互联网也在收集各种数据，这点和电脑端访问互联网情况一样，将在下面进行详细介绍。

1.2.2　电脑和平板电脑

绝大部分电脑使用者都会访问互联网。互联网在人们生活中已经不可或缺，各种商务活动以及生活服务都高度依赖互联网。与此同时，互联网也成了重要的数据收集渠道。从联网的那一刻起，浏览的网页、点击的链接、购买的商品、支付金额及商品评价，都被记录了下来。互联网已成为一个数据能掌握所有行为，甚至明确地识别个人的地方。

1.2.3　摄像头

根据央视综合频道播出的《辉煌中国》系列纪录片第五集提到：中国已经建成世界上最大的视频监控网“中国天网”，视频镜头超过 2 000 万个。除了公共部门在城市的大街小巷安装的摄像头，昙花一现的水滴直播更是上架真实用户提供的即时直播内容，覆盖娱乐、生活、游戏、综艺、体育等多个领域，直播台的数量曾高达 14 598 个。由于涉及多起社会反响巨大的隐私泄露事件，2017 年 12 月 20 日，深陷舆论漩涡的水滴直播产品团队正式停止运营。摄像头虽然拍摄的物理空间有限，如果将多个摄像头的影像资料整合起来，就能完整反映被拍者的行动轨迹。人们在公共场所也应时刻注意自己的言行举止，别忘了天网恢恢疏而不漏。

1.2.4 智能终端

智能终端包括的范围很广，可以理解为某种专用的信息系统设备，例如银行卡刷卡用的POS机，开车时用的导航仪、行车记录仪。人们日常生活离不开各种智能终端。这些智能终端能收集数据，并上传给数据收集者。较之于前三种渠道，智能终端的收集类型相对单一，但噪音也更少，更精准。

1.2.5 智能卡

智能卡与智能终端有配套关系，需要结合智能终端才能产生并收集数据。一张智能卡一般会含有一种或者多种专用的芯片，会存储个人密码、账号、个人信息等。智能卡应用领域广泛，涵盖金融、交通、社保、医疗、教育等行业，日常生活的个人身份认证、门禁系统等也都有所应用。

1.3 数据是如何被自己“出卖”的

个人数据已经被普遍性地视作一种资产，具有巨大的价值。然而，作为个人数据的主体，人们不能离开收集者提供的平台或者渠道而生产数据，更不能有效地控制数据。个人数据的生产者及控制者一般都是数据收集者。大部分情况下，数据收集者并没有偷偷摸摸地获得我们的数据，而是我们主动将数据分享给收集者。不管是否意识到在分享个人数据，我们并非免费赠送给收集者。具体来说，个人数据通过以下形式分享给了数据收集者。

1.3.1 新会员优惠或者现金

无论是在线服务还是离线服务，服务提供商都会邀请顾客成为其会员。除非打算长期购买，一般消费者都不会注册会员。但是，商家如果打出广告语，将给予新会员折扣，人们往往就会详细了解各项会员福利，并考虑是否填写会员申请表。很多电商或者服务提供商都会给予新会员第一单折扣，例如八折优惠。这种折扣事实上就是对消费者披露其个人数据的一种经济补偿。很多人为了享受新会员的优惠，可能将家人信息挨个注册一遍。表面上看是占了商家便宜，从商家的角度却有着他们自己的算盘。

会员申请表一般不会收集太多个人数据，主要就是性别、出生日期、地址、邮箱、电话等基本信息。一旦完成了第一单交易，后续又会有各种优惠券以及个性化商品推荐，各种数据就会源源不断地向收集者提供，例如消费习惯、商品偏好、支付能力、支付信息以及与其他会员的社会关系等。如果没有注册会员，不管消费多少次都是零散的消费记录，商家很难从中挖掘有价值的信息。会员ID将多次消费记录串联起来，就能进行价格歧视、精准营销甚至产品定制。

除了给优惠或者折扣，收集者还会提供多种方式的现金奖励。有的商家会打出广告语，注册会员领X元现金，给予个人信息填写完整的用户现金奖励。有的商家更有策略性，对于用户介绍加入新人的行为，介绍人和被介绍人同时给予现金奖励。这个在滴滴、嘀嗒等打车软件，每日优鲜以及 Airbnb 等民宿出租平台都有应用。

现金激励的区别还体现在套现方式。有的商家规定奖励只能用于购买其产品或服务，有的则允许用户直接套现。不管是哪种方式，都是数据收集者认可个人数据的价值，并补贴用户以期激励用户分享其个人数据。现金激励在第一阶段能起到吸引顾客的作用，顾客一旦开始使用赠送的现金，提供的个人数据也会随之增加，商家就能利用这些数据来提高顾客的满意度及黏性从而留住顾客，并激励老顾客介绍新顾客。

1.3.2 数据分享收入或者分红

这种商业模式让用户能够直接销售其个人数据或者从其个人数据的商业价值中进行分红。由于我国刑法明确规定了侵犯公民个人信息罪，相关的商业活动没有公开进行。关于数据分享收入或者分红国外有不少的案例。

在苹果或者安卓的应用市场有一款名为 Killi 的 APP，声称个人数据的价值被严重低估，价值应该达每年每人数千美元。该 APP 让用户直接与想要购买数据的公司签订智能合约，数据购买者在购买数据时直接向用户付款。大量知名品牌入驻了 Killi，包括麦当劳、通用汽车、达能（Danone）以及史泰博等。

浏览器 Brave 阻止所有的在线广告，除了那些已经接受与数据用户分享部分收入的已知广告主的广告。用着浏览器还能赚点外快，尽管上线时间不长，这一创意吸引的粉丝呈滚雪球式增长。不过目前所返的货币形式为数字货币，而且国内暂时无法正常安装。此类案例很多。Google 的 Screenwise Trends 面板为愿意与 Google 及其合作伙伴分享浏览行为的任何人提供高达 8 美元的现金。另一个例子是 Raptr，一个拥有近 2 600 万用户的应用程序，为用户提供真正的奖励，如免费游戏、硬件或折扣，以换取他们的视频游戏习惯。

1.3.3　抽奖

人们经常在网购或者支付某项服务结束时，会收到一个抽奖的提示。在某个特定的节日，会收到一个弹窗，有一个红包或者奖品等着您打开。一旦点击了链接，往往是提供一些个人信息后，才能抽奖或者领红包。近年来抽奖诈骗案件屡次被媒体报道。如 2018 年 6 月 26 日，一个 20 人的诈骗团伙因涉嫌诈骗罪和侵犯公民个人信息罪被河南省安阳市文峰区检察院批准逮捕。这群人就以抽奖中奖的名义进行诈骗，涉及 2 000 多名被害人①。

有些消费者看到能领取红包或奖品，不假思索就填写了数据收集的表格。不知不觉中，个人数据就卖给了收集者。频繁的媒体报道使得人们对此提高了警惕性，但是对于大的电商平台或者网站的抽奖信息，人们一般还是会分享出自己的信息以获得一次中大奖的机会。当然，绝大部分人都会有些失望，毕竟大奖数量有限，人们大概率地获得了纪念奖。此次奖品的使用也就开启了商家下一步的精准营销。人们会陆续得到商家的促销信息，有人可能就成为了商家的会员。

---

① http：//newspaper. jcrb. com/2018/20180704/20180704_ 008/20180704_ 008_ 3. htm

1.3.4 个性化服务

某些数据收集者会鼓励消费者提供更为丰富的个人信息，以便向其提供个性化服务。例如在社交网站，你要想让平台给你推荐好友，或者推荐的好友更精准，就会让你填入籍贯、母校、专业、工作单位等信息，这样就能给你进行老乡、校友、同行等好友推荐。还有一些网购平台，如果提供购物记录或者收藏的商品，就会根据你的需求推荐相关的商品，或者及时告知各种降价促销活动。

服务提供商会明确告诉用户，个性化服务是给予个人数据提供的，鼓励甚至是要求用户提供可靠翔实的个人数据。尤其是在求职或者婚恋网站，服务提供商还会对用户提供的各项数据进行核验。为了寻找一份合适的工作或者一个如意的交往对象，人们会尽可能多地提供其个人信息，以求更高的匹配度。即便普通的社交网站，要想好友推荐更可靠，或者提高自身的影响力，个人数据的分享也是多多益善。

1.3.5 服务准入

还有一些数据采集者将服务准入门槛与个人数据的提供绑定。也就是说，如果不提供个人数据，将不能使用其服务。很多用户为了使用该服务，只能接受服务提供者的数据要求。这在手机 APP 的安装过程中很常见。有些 APP 与用户的通讯录没有一点关系，但是只有接受其读取通讯录，才能完成 APP 的安装过程，或者才能正常使用其功能。

以上介绍的是商业行为中个人数据采集的主要交易方式。在这些交易方式中，所有的数据采集活动都是得到了用户的同意，商家也提供了相应的报酬。不管用户是否承认，是用户自己出卖了自己的数据。并非所有的个人数据采集都有“对价”或报酬，例如政府的人口普查，办理身份证时提交的数据以及采集指纹。这些行为主要是公共部门提供公共服务或维护社会秩序而例行公事。对于商业行为的数据采集，我们应对采集方提供的待遇进行冷静的评估，是否值得为此提供个人数据。至于具体的评估方法和应对措施，笔者将在后续研究中进行解析。

1.4　信号传递中的数据生产

对于数据主体，个人数据并不总是被动收集的，很多情况下是主体主动传递的。例如，为了获得一份满意的工作，或者找到如意的伴侣，人们就会将自己的各种信息传递给对方。信息不对称的双方为达成交易，信息优势方将信息发送给对方的行为就是信号传递，而信息接收方则会进行信号甄别。

1.4.1　信号传递促进了个人数据生产

随着社会经济活动的日益频繁，信号传递存在的场景也越来越多。借助互联网和移动通信，人们远隔重洋与他人进行着交流与交易。信号传递是促使交流与交易形成的关键。信号传递过程中，大量个人数据由此产生，既被接受者接受到，又被传递渠道提供者收集到。

1.4.2 信号传递可能生产低品质数据

首先，信号传递行为是有选择性地传递信息。信息优势方往往传递对自己有利的信息。例如求职者，会选择性地传递证明其工作能力的信息，而不会传递显示其亚健康状态、不良信用记录等方面的信息。其次，有些人为了赢得竞争，会捏造或者篡改个人信息。例如2017年曾爆出的“五假”副部长，包括年龄造假、学历造假、入党材料造假、工作经历造假、家庭情况造假。

1.4.3 信号传递产生隐私成本

著名经济学家斯宾塞指出，分享个人数据可能获得某些收益，但有时候信号活动的总成本可能超过收益（Spence，1973）。斯宾塞所指的成本主要是为了释放信号所付出的成本。例如就业市场上为了证明自己的能力，要投入大量的成本获得一个名校的毕业证，或者获得一个博士学位。如果比尔·盖茨、扎克伯格都继续追求学位，可能就得不偿失了。在大数据时代，还得增加一项隐私成本。因为过多的信号传递，可能让自己身份被盗用，或者隐私被泄露，以致追悔莫及。例如著名的打工皇帝唐骏出示学位证书证明自己是美国西太平洋大学的博士，随后被人指出这是一所“野鸡大学”，以致名誉扫地。

1.5　收集者的权衡

一般情况下，数据收集者会尽可能多的收集数据。事实上，理性的数据收集者对于个人数据收集并非多多益善。数据收集者主要考虑3个要素：

1.5.1　数据收集的成本

数据收集活动的成本主要包括4个方面：

一是给数据主体的优惠或者补贴。上文已有介绍，包括提供优惠、现金、抽奖、个性化服务等成本。

二是数据收集以后进行整理、清洗和存储的成本。收集到大量数据以后，需要对数据进行整理分类，对于来自多个渠道的数据还需要进行数据清洗，并将数据存储在数据中心或者云中。

三是个人数据保护合规成本。中国的个人数据保护法律法规体系在逐步完善之中，每一次法律的修订企业都需要进行合规性的整改，需要付出不菲的成本。目前尚没有具体的数据。《一般数据保护法》（General Data Protection Regulation，GDPR）实施以后，普华永道对美国公司合规成本进行了调研，结果显示：68%的美国公司预计将花费100万到1 000万美元的投入来满足GDPR的合规性要求；另有9%的企业预计将花费超过1 000万美元①。

① https：//www. aqniu. com/learn/30670. html

合规性中有一项重要的成本就是安全防护体系建设。如果没有对安全防护进行足够的投入，拥有的数据资源更多可能更危险，不再是一种资产，而是一种负担。例如国内经常发生的连锁酒店数据泄露的事件，尤其是2018年8月华住酒店发生大规模泄露事件：官网注册资料共53G，约1.23亿条记录；入住登记身份信息共22.3G，约1.3亿条；酒店开房记录共66.2G，约2.4亿条[①]。这一事件的发生就与其安全防护体系有很大的关系。

1.5.2 数据的预期收益

个人数据可能给收集者带来以下收益：

一是自用价值。通过数据挖掘，企业可以对消费者进行精准营销、价格歧视；个人数据还能帮助企业进行准确的市场细分，并针对细分市场进行产品及商业模式创新。

二是交易价值。交易价值的实现也有多种途径，有的是直接出售，有的是进行一些交换。前者，不少数据收集者直接将数据加工为产品，在各类数据交易市场进行销售。后者，可能与别的公司开展业务合作，共享业务数据，实现双方共赢。

三是提供咨询服务。数据收集者可以利用掌握的个人数据提供基于大数据的咨询服务。目前已经有很多类似的案例。例如店铺的选址，根据运营商的位置数据能准确计算并预测某个店铺的人流总量及结构，从而判定该店铺适合经营何种业务以及预期收益与利润。

① https://www.sohu.com/a/251319673_658347

电商平台也能利用其数据资源，给商家制定营销方案。

1.5.3　数据泄露的救济或赔偿

一旦发生数据泄露，对于收集者将产生严重的负面影响。

一是直接经济损失。2017 年 9 月，美国最大的征信机构之一 Equifax 被暴泄露超过 1.45 亿的美国公民个人隐私信息，这是美国历史上最大规模和最具影响的数据安全事件。这些数据可以说是该公司的核心资产，泄露之后造成巨大的经济损失。

二是违反法律法规的罚款。大部分国家都有个人数据保护相关的法规，一旦违反这些法规需要支付大额的罚款，相关责任人甚至面临牢狱之灾。2016 年，英国企业因违反数据保护法总共被罚款 320 万英镑。

三是可能声誉受损。一旦数据泄露，很多用户可能就不再信任该公司，其他上下游的企业也可能不再愿意与该公司合作。在数据泄露后将很难重建利益相关者之间的商业信任。

四是可能支付巨大的救济或者诉讼资金。国际律师事务所 Bryan Cave 对日益增长的法律诉讼趋势进行分析后发现，仅 2016 年就有 76 起与数据泄露有关的集体诉讼。如雅虎因 2013 年遭遇网络攻击导致 30 亿用户数据被盗，就面临了集体诉讼。最终雅虎向美国用户支付 5 000 万美元赔偿金，高级账户用户 25% 的退款；英国数据监管机构对此次违规行为的赔偿金额为 25 万英镑。2018 年 11 月底万豪国际酒店集团（Marriott International）因顾客数据库泄露而遭遇集体诉讼，索赔金额高达 125 亿美元。中国虽然发生多起数据泄露事件，目前尚没有集体诉讼的成功案例。相信很快也会出现类似的案例。

1.6 个人数据作为经济物品的特性

个人数据已经成为一种经济物品的观念逐渐深入人心。一方面，潜在的商业价值使得个人数据成为了香饽饽，众多行业都在积极获取。这就使得其稀缺性不断增加。另一方面，个人数据的供给并非免费，收集者获得个人数据需要付出成本，或者是给用户提供免费服务，或者是提供优惠或者赠品。然而，较之于普通的经济物品，个人数据有一些特殊性。

1.6.1 公共物品属性

分享之时个人数据具有公共物品特征。公共物品的两个关键特征是非竞争性与非排他性。数据一旦公开，其复制成本几乎为0，可以很多人同时拥有，一个人的使用并不影响他人的使用。欧盟实施GDPR之后，数据主体的知情权以及使用授权得到了法律保障。但是在我国，以及世界上大多数国家和地区，在很多场景下个人数据就是公共物品，可以被随意收集和使用。例如社交网站被视为虚拟的公共广场，只要用户设置为公开的信息，谁都可以获取并使用。甚至在半私密空间的朋友圈，分享的信息被传播出去也无法追责，几乎就成为了公共物品。

1.6.2　损益跨期属性

跨期属性就是指当前所做的决策，其获利或者损失在未来体现，当前并不能充分体现。收集数据之时，数据主体一般会选择性地分享部分信息，甚至分享虚假信息给数据收集者；收集数据之后，数据主体往往不知道数据控制者将会对数据做什么，产生什么结果。例如，你经常去某个商场，商场可能会让你填表办会员卡，以便累计积分享受优惠。表格上往往会有问题是关于收入状况，或者说每月消费支出的。假设为了炫富，顾客虚报了收入或者消费状况。商场获得该数据后，可能向该顾客采用价格歧视策略，故意给顾客报出更高的价格，顾客如果购买了可能利益受损。顾客在数据收集之时收获的是心理满足感，或者说炫富的快感，在后期却承担了相应的经济损失。

1.6.3　数据质量不易衡量

一般的商品能评估或者检验其质量的好坏。个人数据的质量衡量却很难。

首先，数据主体会有意无意地隐瞒某些信息。人们在提供个人信息时，尤其是涉及收入、健康等敏感信息时，会有一种本能的保护意识，以防止别人知道或者使用其信息。例如，刚刚失业的人可能会在朋友圈、微博等社交媒体展示其旅行、美食等积极生活状态，甚至可以炫富，以掩盖其无业游民的尴尬。

其次，个人数据并不具有一致性，或者说稳定性。一是数据因人而异。不同的人隐私敏感性不一样。对于中国人，收集其年龄数据不会遇到太大阻力。而对于欧美人，尤其是女性，年龄数据即便能收集到，其可靠性也要大打折扣。二是数据因环境而异。同一个人在不同的环境下，可能提供不同的数据。例如面对熟人和陌生人，他所提供的收入数据一般会不同。三是数据因时间而异。由于人生经历影响，同一个人在不同的人生阶段对于数据是否分享的理念也在不断变化。

因此，无论是采集还是购买的个人数据，在使用之时对于其质量都要进行细致的评估，分析这些数据是否为虚假，或者是否具有时效性。

1.6.4 复杂的外部性

外部性又称为溢出效应、外部影响或外部效应，指经济主体的经济活动对其他人造成的影响，但是对其他人造成的损失或收益都不由该主体承担。使他人获益的是正外部性，受损的则是负外部性。个人数据分享所带来的外部性很复杂，难以准确预测。

首先，随着大数据挖掘技术的进步，个人分享信息带来的好处可能惠及社会整体。有一个被广泛引用的例子是“谷歌流感趋势”（Google Flu Trends，GFT）。Google 于 2008 年推出了该产品，通过汇总用户的搜索词，实时地对全球流感疫情进行预测。2012 年约翰霍普金斯大学的 Andrea Freyer Dugas 为了验证该工具的有效性，选取了马里兰州巴尔的摩医院 21 个月期间（从 2009 年 1 月至 2010 年 10 月）的急诊数据进行分析。研究发现，GFT 的预测对于儿童急诊准确性较高，对于成人则相对较低（Dugas, et al. , 2012）。随后，美国东北大学的 David Lazer 等则在《科学》杂志的“政策论坛”专栏撰文指出，GFT 的预测值大大高于美国疾病控制与预防中心给出的实际数据（Lazer, Kennedy, King, Vespignani, 2014）。受此影响之后，谷歌 2015 年之后不再公布预测值。无论其准确度有多高，都是一次很好的探索。这也反映了个人数据的使用是有可能给社会增加福利的。

第二，保护某些个人数据也可能使得社会整体受益。例如未成年人有可能误入歧途留下犯罪记录。如果这些记录被公开，将不利于少年犯的教育、就业、婚恋，将阻碍他们重新融入社会。有些国家和地区甚至允许某些少年犯删除其犯罪记录。

第三，个体的个人数据分享决策也可能影响某些群体。对于大量其他乳腺癌患者相关数据的分析，能使某个患者得到更大的生存机会。商家对于大量年轻、单身、白领男士的数据分析，极有可能预测新加入会员的购物行为。当你所属的群体都在分享自己数据之时，你个人的保护可能无济于事，商家可以根据别人的数据来推断你的数据（Jernigan, Mistree, 2009）。这种外部性受影响的就是特定的群体，而非社会整体。

1.6.5　难以估值或定价

对于大多数产品和服务，传统经济学认为市场这只无形的手会通过供需调节实现定价。购买者（收集者）和销售者（主体）会各取所需，并形成市场均衡。这种理论假设在个人数据方面难以实现。

20世纪末 Kenneth Laudon 教授就提出应建立一个受管制的国家信息市场，允许人们购买和出售个人数据，并给予卖方数据用途的决定权（Laudon, 1996, 1997）。但实际上，至今没有形成一个开放、受认可的个人数据市场供大家参与。难以定价是关键原因之一。

对于需求方而言，不同的需求者所需要的个人数据片段不同。健康保险公司更在意你的身体状况、家族病史，服装公司则关心你的身材、体型、颜色偏好。而作为供给者，千万别以为自己是独一无二的，可以处于垄断地位。如果需求者已经拥有大量的和你类似的人群的数据，你的数据就是可有可无的，坐地起价是不现实的。

正因如此，双方无法形成一个共同认可的交易价格。但是这种交易却又确确实实存在，几乎每个人都会参与。例如，你在网店中搜索"衬衣"，实际上就告诉了网购平台你的需求，一般情况下平台会展示各种衬衣的图片及报价。如果掌握了你的数据，知道你是职场人士，就可能主推正装衬衣。同理，你在朋友圈晒了自己的旅行照片，也相当于销售了你的兴趣爱好、人口特征、位置等信息，同时你获得了一种与朋友圈互动的渠道。

2 加工黑箱

收集到的原始数据，一般需要进行加工才能投入使用。这一过程更为常用的词是数据处理。数据处理对于数据主体几乎是一个黑箱，人们不知道数据会被如何处理以及如何使用。处理涉及对个人数据执行的各种操作，包括数据清洗[①]、集成[②]、去隐私、存储、索引、建模等，必要时还需要限制、删除或销毁某些个人数据。经济和社会发展越来越多地要求开放数据来改进科学研究和决策。但是，当发布的数据涉及个体时，利用之前必须采取一些技术手段来保障主体的基本隐私权。近年来，在统计和计算机科学领域已经开发了多种隐私保护解决方案，有些已经在实践中取得了一定的效果，但是很难有完美的解决方案，因为数据加工过程就是一个复杂的权衡过程。

① 数据清洗是指去掉噪声和无关数据；数据变换是指把原始数据转换成为适合数据挖掘的形式。

② 数据集成是指将多个数据源中的数据结合起来存放在一个数据存储中。

2.1 匿名与数据价值

2.1.1 匿名与化名的比较

对于个人数据，去隐私的常用方法有化名法（Pseudonymisation）和匿名法（Anonymization）。

前者通过用一个或多个人工标识符或假名替换数据记录中的标识字段来增强隐私。既可以对替换字段使用假名，也可以对替换字段的值使用假名。具体来说，就是将人的关键识别信息用某种加密算法计算出的特定代码代替，例如“身份证号”这个字段名用“ABCDE”，具体某人的身份证号用“asddfgh”。只有原始数据控制者掌握该代码代表的真实身份。如果有人想再次还原，既要计算出“ABCDE”代表的字段名，又要计算出“asddfgh”代表的字段值。

匿名化则是完全去掉关键识别信息，以避免别人通过交叉验证或者别的手段，再次识别出数据主体。而与此相反的处理则是去匿名化，以重新识别出数据主体。

两种方式各有利弊。匿名数据显然隐私风险更低，即便呈现给原始数据控制者，可能也一时半会儿不能将数据去匿名化。但化名的数据也有其优势，因为化名数据保存了更多的信息量，一旦出现错误可以再次验证，或者对数据进行维护更新。化名数据一般在公共部门政策制定或者科研领域应用较多，因为传播范围能有效控制，且逐利性动机相对更弱。

2.1.2　面临的挑战

无论是匿名还是化名，面对着飞速发展的大数据分析技术，隐私保护都面临很大的挑战。

首先，多源数据的交叉验证可能还原出可识别信息。例如 Alessandro Acquisti1and 和 Ralph Gross（2009）利用美国政府公开的出生地和出生日期的信息，再综合社交网络、数据销售商等其他来源的信息，能准确推测很多人的社会安全号码（Social Security Number，SSN）。SSN 为美国社会安全卡（Social Security Card）上的 9 位数字，原本用于追踪个人的纳税情况，但是现在用途已被扩大到包括区分个人身份，类似中国“居民身份证号码”。尤其对于年轻人，SSN 的统计推断准确性更高（A. Acquisti，Gross，2009）。因此，多个匿名的数据源就可能得出可识别信息，在信息匿名化处理之时应该提前考虑到这一隐私风险。

第二，使用者有很强的驱动力使用非匿名的数据。在很多商业应用场景中，匿名化数据价值大打折扣。无论是后文将介绍的精准营销还是价格歧视，使用者都希望合适的人看到合适的广告。例如户外设备推送给户外爱好者，婴儿用品推荐给有婴儿的父母。如何保证准确抵达，使用者得掌握营销目标 Email、IP 地址、电话或者家庭住址。这些信息一旦匿名，目标就无法实现。

这就需要更为精巧的算法或者某种机制，既能保证用户隐私，又能保证数据的使用效果。就目前实际情况来看，匿名化处理远未达到预期，主要是通过平台的中介作用来实现的。例如电商平台的广告，用户对于商家可能是匿名的，但是对于平台不是匿名的。平台知道哪个用户可能需要哪些产品，将需求信息在商家之间竞价，然后安排中标的商家的广告展示给用户。除非成交，商家往往不知道广告投给了谁，但是平台是知道的。这方面的分析请参见本书5.2节。

2.2 匿名的标准

目前，学界以及各国立法实践对于匿名化都在进行探索，尚没有形成有影响力的标准。有人专门对澳大利亚、欧盟和加拿大匿名化的要求进行了比较分析（Witzleb，Wagner，2018）。有学者认为，我国应该借鉴欧盟经验，以“情境化”的个人数据概念为前提，确立个人数据匿名化的有效性标准，即数据控制者与任何第三方均不能通过“一切”“可能”和“合理”的手段来识别数据主体，同时强调对匿名数据的风险评估（张涛，2019）。我国的《个人信息安全规范》规定，收集个人信息后，个人信息控制者宜立即进行去标识化处理，并采取技术和管理方面的措施，将去标识化后的数据与可用于恢复识别个人的信息分开存储，并确保在后续的个人信息处理中不重新识别个人。但是去标识化的具体标准尚为空白。根据数据的敏感程度，借鉴国外的经验，建议将以下数据项纳入匿名的范围：

姓名。虽然国人重名的较多，但是只要结合其他信息，例如工作单位、生日等，还是比较容易识别。

家庭地址。家庭住址一旦泄露，虽然造成经济损失的可能性不大，但是可能带来人身安全方面的风险，因此应该匿名。

手机号码。手机号码是最容易遭到各种营销骚扰的渠道。而且我国手机号码是实名制的，加之有位置信息，很容易造成隐私泄露。

身份证号码。这是身份唯一识别号，重要性不言而喻。

银行账户或者信用卡号码。容易造成经济损失，尤其是信用卡号码，应加以保护。

电子邮件（E-mail）。这是人们日常工作与生活重要的联系方式，里面可能有重要工作文件或者私密信件。一旦披露，用户可能会受到广告骚扰，甚至病毒攻击。

生日。国人不像西方人那样对于生日信息敏感。一方面西方文化不愿意让人知道年龄，另一方面有些国家和地区生日是进行身份验证的重要信息。国人生日信息披露最大的隐患是密码被破译，因为很多人的银行卡号或者重要账号的密码就是生日。

其他证件信息。还有大量的证件信息，一旦披露也会带来隐私风险，例如驾照、行驶证、医保卡、就诊卡等。

2.3　外包还是自行处理

大数据时代，企业数据收集和分析能力成为了企业的核心竞争力，决定了企业业务的成败。越早采用大数据分析的公司，可能越早地获得有启发性的见解，更加了解客户和市场，从而获得巨大竞争优势。目前，对专业数据分析师的需求十分旺盛。不少企业都在积极筹建自身的数据分析团队。由于专家的稀缺和团队建设的复杂，为了获得专业的数据处理服务，也有许多企业将数据分析工作外包给第三方公司。对于企业来说，资源配置追求最优的投入产出比。如果认为建立自身的数据处理团队不值得投入，购买第三方服务也是明智的选择。外包数据分析的一些好处如下。

2.3.1 获得专业的数据分析团队的支持

数据分析是一个重要而复杂的工作，需要通过多种方法和来源收集资料、事实和数据，然后分析建模，并提出可供选择的解决方案。完成所有这些复杂的工作，需要一个稳定可靠的专业团队。构建内部数据分析团队既需要招募专业人员，又需进行管理与协调。这对于企业来说充满挑战。事实上，根据麦肯锡的报告，由于缺乏具有专业知识的应聘者，2018 年的大量数据分析相关职位（约 190 000个）处于空缺状态。外包数据分析，企业会得到具有深厚行业知识积累的专业队伍的支持，不会出现蜀中无大将的窘境。

2.3.2 提供更多的行业知识

专业的数据处理公司往往有丰富的工作经验，也为同行业或者相关行业其他企业做过类似的项目。他们往往有更丰富的数据来源，和丰富的行业知识，能提出一些创新的方法来解释您的数据。

2.3.3 节约开支

获得市场和客户的洞察力需要有优秀的数据分析师，如果缺乏熟练的人力资源和专业知识，外包是一种极具成本效益的方式。如果雇用的软件工程师、项目经理和数据库专家分别进行数据分析，维护这样一个团队需要支付很高的费用。但是，如果外包数据分析服务，只需按使用次数付费，将大大地降低成本。

2.3.4　相对中立

如果培养自己的数据处理团队，难免会与其他部门有着千丝万缕的联系。数据是死的，数据分析则可以有价值判断。因此，难以杜绝公司政治对数据处理的影响。接包方更有可能为公司提供中立的服务。

2.3.5　数据安全更有保障

由于业务数据包含有关业务的非常关键和机密的信息。在筹建数据处理团队的同时，也需要建立数据安全保护体系。信息安全的投入具有典型的规模效益。举个常见的例子，一个银行的分理处往往就一两个保安，聘请保安太多则不划算；到了上一级的支行或者分行，则可以聘请一个保安大队。外包机构会有更为专业的知识和更为严格的保护机制，以及更多的资源投入，从而确保客户的数据安全。

2.3.6　节省时间

培育自有的数据分析专家团队，首先成员不易招募，而且从组建团队到正式运营和产出需要一个过程。外包提供了灵活性，企业能便捷地接受一流的数据科学、大数据和分析专家的服务。这使得公司能够迅速采取有效的技能和思维方式实施创新解决方案，从而按时完成所有目标任务。此外，它使管理层和执行团队能够专注于其核心业务运营。相对而言，外包缩短了数据处理周期。

2.4 商业组织数据处理责任

对于数据处理这个黑箱，外界的监管和监督都很不容易。我国的《个人信息安全规范》已经提出了一些明确的要求，但严格程度不及欧盟 GDPR。GDPR 提出了一些原则，能很好地落实数据处理者的责任，值得借鉴。

2.4.1 合法原则

处理个人数据必须以合法的方式进行，因此处理者需要寻找使处理合法化的法律依据。也就是说，合法性需要严格解释：必须有一部法律允许处理。在 GDPR 第 6 条中，进一步确立了合法性的关键要素，并在相应条款中规定了特定类型的个人数据处理活动以及非法处理时的后果、权利、责任和行政罚款。

2.4.2 公平原则

公平意味着处理者不能利用信息不对称来误导数据主体。对于数据的用途、原因、风险都得有公允客观的描述。数据控制者应提供数据主体需要的所有信息，主要包括：处理什么类型的个人数据以及处理原因和预期结果；数据主体如何与他们取得联系，拥有什么权利等。使数据主体做出一个真正自由的决定。

2.4.3　透明原则

透明原则与公平原则有所重叠。但是，透明度要求信息和与数据主体的沟通不仅仅发生，而且也是以数据主体可以理解它的方式完成的，例如要求语言很容易理解，并且信息易于查找和访问。此外，由于信息需要简明扼要，因此应避免使用只有律师理解的专业术语构成的长篇大论。此外，透明度原则也适用于数据主体行使其权利的方式，明确使数据主体能够找到解决问题的方法或者人。透明度的要素包括“简洁、透明、易懂和易于获取”以及“清晰明白的语言”。

2.4.4　用途限制原则

与个人数据相关的每个数据处理活动都有一个或多个目的。不同的数据处理活动可以共享一个目的。目的限制的基本原则包括若干与目的相关的要素：收集个人数据时，他们必须服务于指定的、明确的和合法的目的。收集后，个人数据显然不应以与目的不相容的方式处理。随着时间的推移，处理目的会发生变化，除了公共利益需要，不能用于别的用途。收集时的目的需要与处理相匹配，当目的不同时，就会收到相应的处罚。

2.4.5　数据最小化原则

这种数据最小化原则要求商业组织将自己限制在处理活动及其

目的范围内所需的最少个人数据。

2.4.6 准确原则

处理的个人数据必须准确。首先，处理所用的个人数据必须与需要的数据保持一致，不得滥用数据。第二，对于不准确的个人数据，必须采取措施擦除或纠正。因此，准确性确实涵盖了在收集期间和处理期间控制者的一些职责和活动。此外，准确性还涉及基本数据主体权利，例如擦除权（被遗忘权）和纠正权。如果数据主体不同意与其相关的个人数据的准确性，则他或她可以行使限制处理的权利。

2.4.7 其他

还有一些内容，虽然没被 GDPR 定为原则，对于明确数据处理者的责任也相当重要。

一是安全保密问题。数据处理需要以保证与个人数据相关的适当安全级别的方式完成。从安全和措施的角度来看，要考虑的因素包括保护措施，以防止未经授权和非法处理、意外丢失、破坏或损坏处理的个人数据等。企业在信息治理水平、安全性以及员工意识和安全教育方面也要有充分的措施。人为因素在意外损失、泄密等方面不容忽视。

二是责任落实问题。问责制是 GDPR 第 5 条的最后一项和第 2 款的主题。控制者不仅仅对 GDPR 合规性负责，还需要对所有的数据处理活动负责，遵守原则的义务和证明处理是根据这些个人数据处理原则进行的。

三是数据存储时限。一般情况下，数据处理合约或协议应规定个人数据存放期限。处理者存储数据不得超出该期限。如果合约中没有规定期限，处理者应在达成处理目的或者不再处理时立即销毁数据。

2.5　公共部门数据处理责任

我国《个人信息安全规范》主要针对商业组织，对于公共部门的数据处理限制较少。这点日本也是如此。可以借鉴欧盟发布的《关于欧盟各类官方机构处理个人数据的条例》，保障数据主体相关权利，而明确数据控制者和处理者的相关责任。其要点如下：

2.5.1　保障数据主体的权利

保障数据主体以下权利：

① 数据主体有权从控制者处了解其数据是否正在被处理。

② 对于不正确或者不完整的个人数据，数据主体有权要求控制者及时纠正和补充。

③ 数据主体有权要求控制者及时停止处理或者删除其数据。

④ 数据主体有权将数据从一个数据控制者转移到另一个控制者。

2.5.2 明确控制者的责任

明确了控制者以下责任：

① 控制者应当证明其处理的合法性。应详细说明处理的性质、范围、背景和目的，对自然人权利和自由可能产生的影响评估，以及控制者计划实施的技术和组织措施。

② 控制者应当说明实施匿名化、实现数据最小化所采取的措施，并确保数据使用符合特定处理目的。

③ 控制者应根据情况向欧盟数据保护委员会（European Data Protection Supervisor，EDPS）做事前咨询，根据 EDPS 做出书面回复开展活动。

2.5.3 明确处理者责任

明确了处理者以下责任：

① 处理者的处理行为应遵守欧盟或成员国法律。

② 处理者应按照 EDPS 的规定记录处理活动的详细信息。

③ 处理者应根据情况向 EDPS 做事前咨询，根据 EDPS 做出书面回复开展活动。

3 蓬勃发展的交易

个人信息以及由此涉及的隐私问题由来已久。然而，信息技术的进步和互联网的出现大大增加了个人信息的内涵和外延，使得最终形成了收集、合并、清理、分析、购买和销售个人数据的生态系统。这个生态系统由数据收集者、数据经纪人等少数玩家占主导地位（Krishnamurthy，Wills，2009）。我国自从第一家交易中心贵阳大数据交易所成立以来，大部分省市都挂牌了数据交易所，数据交易发展迅猛。

3.1 个人数据市场生态

随着与服务提供商共享的个人数据的数量和敏感度的增加，隐私问题也随之增加。对于个人数据被控制者如何处理，以及被广告商如何获利，消费者几乎丧失了控制权。收集者、销售者、使用者之间的利益关系仍然相当复杂和不透明（Olejnik，Minh-Dung，Castelluccia，2014）。不同数据类型可能有不同的流通过程。如果不考虑数据类型之间的差别，普遍的个人数据市场生态系统如下图。

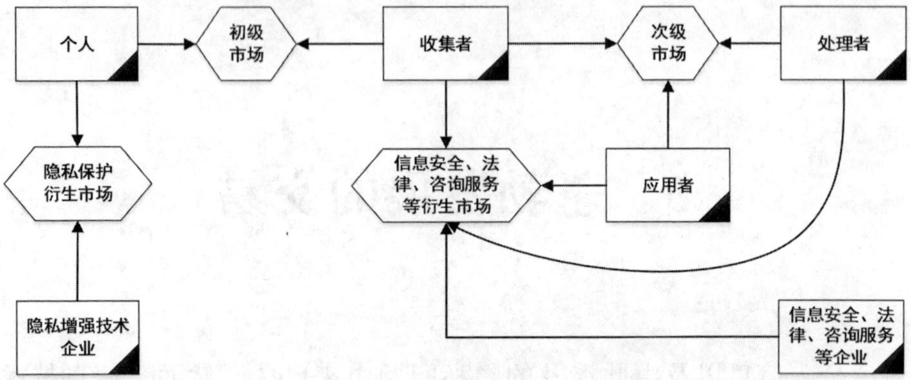

图4　个人数据市场生态系统图

3.1.1　初级市场

初级市场主要是完成个人数据的生产，并将个人数据控制权转移到收集者手中。在该市场中，数据主体为“免费”产品或服务(例如搜索引擎和社交媒体)交换个人数据。

3.1.2　次级市场

次级市场有多个，由于个人数据的需求种类繁多，同时也会有五花八门的销售者和购买者。有些数据收集者向其他组织出售简单的个人数据产品，有些数据处理者销售经过深加工的产品。数据主体通常不直接参与这些市场，实际上他们甚至不知道有人在应用其数据。

3.1.3　隐私保护衍生市场

消费者分享数据可能面临隐私泄露、身份盗用等风险。为了规避这些风险，人们会购买隐私保护的相关技术及服务，或称作隐私增强技术。这类产品的出现几乎与个人数据收集同步，较为经典的是美国的“拒收电话”登记处（“Do Not Call” Registry）。该登记处其实就是一个数据库，它允许美国居民通过登记，禁止电话推销员通过拨打他们的电话号码。在2003年6月27日开放后的二十四小时内，有超过一千万个电话号码被注册；到2007年2月，注册量超过了1.39亿。随着智能手机的普及，大量的隐私增强APP也应运而生。例如“熊猫吃短信”APP专门拦截垃圾短信。“防骚扰大师”APP可以进行电话拦截和短信拦截。社交APP陌陌支持图片的阅后即焚，对方长按图片方能显示，5秒之后图片自动销毁。

3.1.4 其他衍生市场

个人数据市场还将衍生很多其他市场。例如，信息安全市场主要是为个人数据采集、存储和处理系统提供防护服务，保护系统和数据不因偶然和恶意的原因遭到破坏、更改和泄露。法律服务则是为了企业的数据收集和使用合规，以及发生数据泄露事件后处理法律纠纷而需要的专业法律服务。尤其是跨国公司收集用户数据的行为，不同的国家和地区法律要求不一致，意味着企业既要全盘考虑和整合所有数据资源，又要在不同的地区分别合规，对于法律服务需求巨大。

3.2 蓬勃发展的数据交易中心

早在20世纪末就有人提出建立个人信息市场，个人可以将这些数据的权利转让给其他人以换取某种类型的赔偿（Laudon，1997）。但是个人出售其数据的商业实践出现时间并不长，而且在很多国家和地区是非法行为。近年来，我国数据交易中心发展迅猛。但是该行业仍然有较多的监管，数据交易中心的成立需要层层审批。虽然没有预期建立的交易许可机制（王忠，2015），进入的壁垒也起到了许可机制的作用。

在整个生态系统中，这类交易中心属于次级市场。当然，这些数据交易中心不仅仅销售个人数据，也包括其他类型的数据，如法人数据、地理空间、气候环境等数据。但是买方往往对商业价值大的数据感兴趣。因此，个人数据仍然是买方的需求中最为旺盛的内容之一。笔者调研了一些数据交易中心，根据数据交易中心是否有自营产品，大致可以分为两种类型。

3.2.1 中介性平台

中介性的平台只负责提供供需双方的交易场所，自己不进行个人数据的采集、处理和存储。国内此类平台有重庆大数据交易市场（北京数海集团和重庆大数据交易市场共同出资成立）、华中大数据交易所等。国外有BDEX、RapidAPI等。

中介性平台交易数据主要通过两种方式。一是提供调用数据的接口（Application Programming Interface，API）。这样购买者能通过程序调用数据进行各种数据建模和分析，但是不能下载数据。这样就防止了购买者获取源数据，并将其二次转售。

3.2.2 综合性平台

综合性平台不仅提供交易场所，自己也进行数据的采集、处理和存储，为用户提供多种服务，比如解决方案、数据产品等。国内此类平台有贵阳大数据交易所、陕西西咸新区大数据交易所、东湖大数据交易中心等。国外有 Infochimps、Factual 等。

需求方分布的行业很广泛。主要的需求方是广告业，金融行业也有涉及。一旦需求方表达数据需求，平台就会提供对应的供给方。如果没有合适的供给方，平台则会根据需求定制相关的产品。

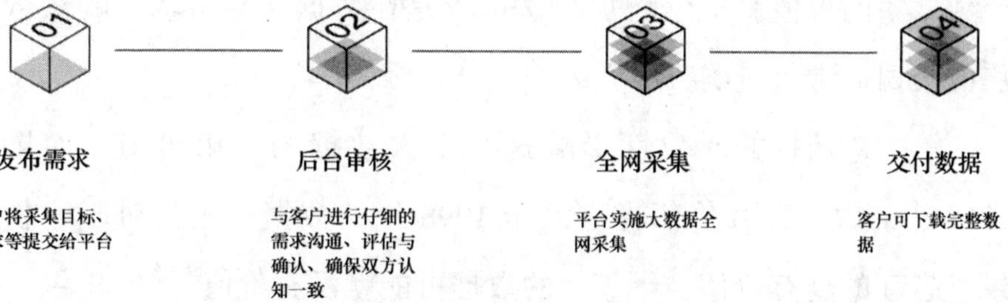

图 5 东湖大数据交易中心数据采集流程

3.3 个人数据产品价值影响因素

个人数据反映了数据主体的许多不同属性的个人信息，既有最为基础的姓名、地址、出生日期、性别等数据，也有婚姻状况、职业、银行账户号码、健康、网购等数据，还包括一些更主观的属性包括爱好、兴趣和喜好。美国著名的个人数据经纪公司 Axciom 平均每个数据主体有 1 500 条属性。单个属性进行定价往往是无意义的，例如仅知道某人的性别几乎没有价值。只有将多种属性的数据组合起来，对于商家才具有商业价值。某些相关的属性便组合成了个人数据片段，正如前文所列举的社交、健康、购物、住宿等。不同的片段价值差异很大。因此，我们讨论数据定价，主要是讨论对于特定数据片段的价格形成机制和影响因素。

首先，数据集的大小和数据集的完整性是决定数据价格的重要因素。例如，如果数据集包含了性别、年龄以及职业，就能具有一定的价值。如果再能增加一些属性，例如家庭住址、业余爱好，这个数据集的价值就成倍增加。这也正是在数据交易市场，购买数据集的公司通常大量购买的原因。

第二，数据的时效性影响这些个人数据的货币价值。如果是 2018 年的数据，其价值肯定大于 1998 年的数据。尤其对于购物记录，越新的越有价值，十年前的数据可能就没有价值了。

第三，数据的准确性。整体来说，个人数据的准确性很低。美国领先的个人数据经纪公司之一 Acxiom 估计其数据准确率为 50%。一些敏感的数据，例如那些涉及种族、宗教、健康、政治、犯罪记录、药物滥用和性偏好的特征，其准确性应该更低。

第四，数据的可获得性。越敏感的数据也越难获得，或者获取成本更高。而同时，这些数据往往有其独特的价值和用途。与一般经济物品一样，当供应较少时，价格往往会上涨。

第五，个人数据的可识别程度。匿名数据具有货币价值，因为它可能对若干目的非常有用，包括战略决策和科学管理等。例如，掌握了尿布和啤酒罐通常是由顾客一起购买的匿名数据，特别是在星期六，就能采取针对性的营销策略。事实上，越具有可识别性的数据，往往价值越高。可识别性不一定是识别具体某个主体，也可以是识别某个类别的人群。可识别性强的数据有利于更进一步的个性化营销。

总之，影响个人数据价格的因素很多。大小、完整性、准确性、时效性、稀有性和唯一性，以及可识别性等因素都会影响该值。在实际交易过程中，交易价格还取决于收集和使用个人数据的背景和目的。

3.4　个人数据产品价值评估理论方法

有一些方法可以用来估计个人数据的价值，但每种方法都存在不足之处，归纳如下：

3.4.1　国际经济合作组织提出的测量方法

经合组织区分了基于市场估值的方法和基于个人估值的方法。市场估价方法主要有：

(1) 财务核算

主要通过企业财务核算来评估数据价值，以公司基于数据的收入总数除以数据记录的数量，即每条数据的价值。这种方法需要核算出基于数据的收入，对于业务单纯的公司还好处理，业务繁多的公司难以核算。

(2) 数据的市场价格

即参考数据经纪人在市场上提供的每条个人数据的价格。但是，不同数据类型价格离散程度很高，除非是同类型的数据，不然市场价格的参考价值有限。

(3) 数据泄露的经济损失

根据数据泄露产生的经济损失来评估数据的价值。该方法问题在于，数据泄露造成的损害与个人数据的实际价值之间并非存在必然关系。对于主体能造成巨大损失的数据，对于他人不一定有价值。

(4) 黑市交易价格

非法市场中的数据价格，即非法市场中个人数据价格的估计。非法市场往往从违法者的风险考虑数据获取的成本。违法风险越大，价格就会越高。

还有提出通过调查或者经济实验，评估个人数据的价值。也有人提出以用户愿意支付保护其数据的价格来估值。以上提及的种种方法都存在其弊端，但是对于个人数据定价也有一定的参考价值。

3.4.2 综合评估方法

Petkova 和 Hacker 提出分别采用自下而上和自上而下的方法进行估值，然后综合两种方法进行估值并以 Facebook 为例进行了实证分析（Hacker，Petkova，2016）。

一是自下而上的方法。该方法通过评估 Facebook 利用个人数据的收入来评估个人数据的价值。Facebook 的 1 000 个个性化广告手机端的售价约为 50 美分，而 PC 端的 Facebook 售价约为 1 美元。因此，每个个性化广告的成本在 0.05~0.10 美分。假设平均用户每天看到大约 20 个广告，基于个人数据的个性化广告的收入在每天 1~2 美分，每月 30~60 美分。由于同一份数据能够出售给多家其他公司以牟利，个人数据的价值很可能在 1~10 美元（Malgieri，Custers，2018）。

二是自上而下的方法。该方法通过公司处理个人数据的总收入和用户总数来测算个人数据的价值。例如，Facebook 在 2015 年的总收入为 179.3 亿美元，其中大部分来自广告。到 2015 年底，用户总数达到 15.9 亿。因此，Facebook 平均每年从每人身上赚取大约 11.3 美元的广告收入，也就是每人每月 1 美元。这个计算的结果与自下而上的方法基本一致（Malgieri，Custers，2018）。

3.4.3　隐私损失货币化的标准

这两种方法都没有将隐私损失计算在个人数据的定价中。由于个人倾向于低估披露自己个人数据的影响，并且常常没有意识到控制者能整合数据进行推断。当个人披露他们的数据时，他们既可能遭受经济损失，也可能遭受精神损失。这些损失，尤其是精神损失更难以量化。因此，有学者认为需要监管者制定一套措施和标准，将隐私损害货币化（Daniel J Solove，Citron，2016）。虽然现行的法律也有相关的规定或者判例，仍然需要更为明确的标准，使得数据使用者在制定行动方案时有一个明确的预期。

上述这些方法可供个人数据交易利益相关方参考。此外，对于零散的个人数据的片段，它们本身只保存很少的信息，价值有限。只有当它们与同一或其他人的其他数据结合在一起时，它们才会增值。大多数情况下，不是消费者自己将多个数据点组合成洞察力，而是数据市场的参与者。他们用来产生洞察力的数据通常也不是消费者最初认为有价值的数据。消费者不能理解这些数据可能产生的洞察力，也不知道如何分析它们，也不知道如何从结果中提取价值。因此，个人数据价值被数据主体低估是难免的（Spiekermann，Korunovska，2017）。

3.5 现实中个人数据产品价格

人们可能想知道自己的数据到底市价多少？无论国外还是国内，调研结果表明，单条个人数据的售价其实很低，即便考虑到能重复出售，数据持有者或中介都很难由此获得了暴利。

3.5.1 国外个人数据产品价格

英国《金融时报》开发了一个计算器，用于衡量个人数据的价值。通过回答有关人口基本信息、家庭和健康、财产、行为和消费者特征的问题，一个人可以计算他或她的个人数据的价值。一个人的基本信息，比如年龄、性别和地点，仅仅值 0.000 5 美元或每

1 000人 0.50 美元。购买汽车、金融产品或度假的人对那些想推销这些产品的公司来说更有价值。例如，汽车购买者的个人数据值价格约为每条 0.21 美元。一个人生活中的某些里程碑促使购买模式发生重大变化，无论是成为新的父母、搬家、订婚、买车还是离婚，一些更为私密和敏感的数据库也更贵。例如 LeadsPlease.com 出售患有癌症、糖尿病和临床抑郁症等疾病的人的姓名和邮寄地址，包含特定健康状况或关于服用某些处方的信息，每位 0.26 美元[①]。即使把所有这些细节加起来，也意味着大多数人的总额不到 1 美元。

Emily Steel 等还指出，在美国个人数据已经发展成为一个价值数十亿美元的行业，随着数据经济的发展，个人数据的价格正在迅速下降。一方面，因为数据收集成本不断降低，同时数据的整理和传输速度也大大提高。另一方面，在美国有不少个人数据交易平台，数据主体可以在这些平台上销售自己的数据，这也推动了价格的下降。但是他们忽视了其他因素的影响，例如法律对于数据收集的日趋严格，主体对于数据价值的认识水平日益提高。对于价格趋势的分析请参见第 11 章。

3.5.2　国内个人数据产品价格

国内个人数据产品价格中国的情况也基本类似。近年来，国内各种大数据交易市场如雨后春笋般涌现。很多省市都成立了数据交

① Emily Steel, Callum Locke, Emily Cadman, et al. "Financial worth of data comes in at under a penny a piece", 2013, Financial Times. http://www.ft.com/cms/s/2/927ca86e-d29b-11e2-88ed-00144feab7de.html?ft_site=falcon#axzz4dMtRPoZd

易中心，不少大中城市也有数据交易中心。这些中心销售的产品五花八门，有能源数据、征信数据、医疗数据、地理数据、教育数据、企业工商注册数据等。绝大部分数据交易中心的产品都会涉及个人数据。《网络安全法》发布实施后，这些交易中心或多或少都进行了一些合规性的调整，尽量规避了一些风险。笔者调研了一些数据交易中心，收费机制比《金融时报》所报道的更复杂，不同产品或数据类型价格差异很大，总体来说单条数据单次交易价格很低。

王卫，张梦君和王晶（2018）对国内外大数据交易平台进行了比较分析，介绍了各个交易平台的产品类型及产品涉及的主要领域。个人数据交易价格形成与产品类型与所属领域有很大关系，不便对同一数据类型的价格进行跨平台的比较分析。在此主要对不同产品类型价格机制进行介绍。

个人数据交易的产品类型可以分为三类：API、数据包和解决方案。从产品标准化角度来看，数据包标准化程度最高，其次是API。解决方案是完全个性化的产品，其定价方式就是普通的技术服务合同，在此不讨论。根据调研所获得的素材，本节主要介绍前两种交易的价格形成机制。

表1　两种产品类型价格机制比较

产品类型	收费方式	交付方式
数据包	按包付费	下载数据
API	按时间付费 按调用量付费	调用数据

对于数据包，其交易就类似普通商品，在交易平台购买付费，然后下载数据进行开发应用。典型的代表是东湖大数据交易平台，上面有大量的数据包，明码标价，购买后即可获取该数据包。在售的数据包中成交较多的为法人数据，例如企业征信数据、某些行业企业登记数据。个人数据有在售的，但是显示的成交很少，有一个数据包名为《全国 100 万条处方数据》。该数据包进行了匿名化处理，包含字段：开方日期、药店所在地区、药店名称、用户性别、用户年龄、处方症状、推荐用药、药品批准文号、药品生产厂家、是否处方药、药品规格、药品用量。

对于 API，其收费形式类似于交给运营商的话费。按时间付费可以是包月，也可以是包年；按调用量付费则类似于按通话时长或短信数量计费，根据实际调用情况付费。典型代表是中关村数海大数据交易平台。该平台通过 API 接口形式为各类用户提供服务，实现交易流程管理，按包月或调用次数进行收费。数据仍然属于出售者，购买者仅购买数据使用权，而平台作为交易渠道仅对数据进行必要的实时脱敏、清洗、审核和安全测试。对于调用次数可能不易理解，在此举一个例子。买方 A 需要分析年龄段 30~40 岁 10 000 个样本在某城市某天的位置数据，A 通过 API 发出请求；卖方 B 根据请求提供样本，可能符合 A 要求的样本只有 8 000 个；A 实际调用了 8 000 个样本的数据，根据该值向 B 付费。

4 个人数据的使用

由于有利可图，个人数据在商业领域得到了广泛的使用。一方面，个人数据可用于提供更精确的定向服务，并确保广告仅向那些有购买意愿的消费者展示（Tucker，2012）。另一方面，对于个人数据的分析还可能预测消费者的心理价位，从而进行差别定价。总之，可收集和使用大量个人数据，能以微妙、有针对性和隐蔽的方式影响个人决策（Calo，2014）。此外，公共领域的应用虽然相对滞后，也在不断推进之中。

4.1 精准营销

精准营销是指在充分了解顾客信息的基础上，将目标客户分类，针对客户喜好，有针对性地进行产品营销。因此，精准营销的前提就是收集并分析用户数据，对用户进行精确分类并投放广告，并根据广告投放效果不断改进投放策略。由于精准营销必须能使消费者接触到促销信息，这就需要一些渠道来传播。网页精准营销相关内容在广告业的章节（第 5 章）中进行介绍，这里主要介绍不同渠道个人数据的利用情况，如电子邮件、APP 和电话。

4.1.1 电子邮件

我们每天都会收到大量的促销邮件。有的人有兴趣接收有关新产品的信息，但大部分人会觉得促销信息不胜其扰。电子邮箱用户的注意力是有限的。如果各个商家都争相发送邮件，就会出现拥塞问题，这意味着接收者只会读取很少一部分发送的消息（Van Alstyne, 2007）。有的用户甚至完全无视促销邮件，或者采用垃圾邮件过滤和拦截技术，防止接收到此类邮件。

Anderson 和 de Palma 将垃圾邮件视为发送者之间的竞争问题，发送者在竞争用户注意力这种有限的资源（S. P. Anderson, de Palma, 2012）。这就类似一个囚徒困境，发送者从自身利益出发疯狂发送邮件，导致了共输局面，如果都有所节制，消费者还有可能雨露均沾。在这种情况下，对广告邮件征税可能是增加福利的解决方案（Acquisti, Taylor, Wagman, 2016）。征税增加了广告邮件的发送成本，导致发送低质量邮件的发件人会被挤出，发送的邮件越少，平均每封邮件阅读的时间越多。

4.1.2 免费软件或 APP

随便打开一个智能手机，里面的 APP 都数以十计，有的甚至上百。有些是手机厂商出厂时预装的，有的是用户自主安装的。这些已经成为精准营销的重要数据源及广告分发渠道。Spiegel 指出了企业可以选择将新软件与广告捆绑在一起并作为广告软件免费发布的条件。虽然广告软件对消费者来说更便宜，并且可能包含有助于改善购买决策的广告，但也会导致隐私权的丧失（Spiegel，2013）。

4.1.3　电话营销

国人对于骚扰电话深恶痛绝。而率先普及电话的美国也率先经历了此过程。美国花费了近 100 年的时间普及有线电话，在电话普及过程中，骚扰电话也随之普及。而中国则跳过了这一过程，迅速实现了移动通信的普及，骚扰电话主要打到了手机上，这似乎比固定电话更让人厌烦。为了有效治理骚扰电话，2003 年美国联邦商贸委员会（Federal Trade Commission，FTC）开始了“谢绝来电登记”（National Do Not Call Registry）。美国政府建立了一个“donotcall”的网站[①]，人们可以在该网站免费登记自己的座机和手机号码。同时也可以通过拨打免费电话来登记自己的号码。如果号码登记 31 天后收到了骚扰电话，可以向 FTC 举报。骚扰者将会受到法律的严惩。

学者们利用这一数据库开展了一些隐私经济的量化研究。Png 根据联邦“谢绝来电登记”注册电话，估算电话营销的隐私价值。研究指出，电话营销行业应该向消费者提供一定金额的报酬，以激励机主不通过“谢绝来电登记”来屏蔽来电（Png，2010）。后来，Goh，Hui 和 Png 使用联邦登记处的数据研究机主进行“谢绝来电登记”后所产生的外部性（Goh，Hui，Png，2015）。研究发现，电话营销面临着囚徒困境：由于有机主进行了“谢绝来电登记”，营销公司可打电话的群体数量减少；为了达到营销目的，营销公司加大了打

① www.donotcall.gov/

电话的力度；本来没登记的机主们厌烦了频繁的骚扰电话，也进行“谢绝来电登记”，可供营销的机主群体进一步萎缩。

4.2 价格歧视

价格歧视就是根据购买人的消费能力不同、身份及社会地位不同、购买量与地理位置的不同，收取不同的价格。这也就是媒体经常报道的“大数据杀熟”。实施歧视的前提是掌握消费者的个人信息，这也是个人数据的重要用途之一。价格歧视分为三级：一级价格歧视是对任何一个消费者都能按他所接受的最高价格出售，赚取最大利润；二级价格歧视是数量歧视，购买数量超过一定水平则获得较低价格，比如买二送一、多买多送就相当于降价；三级价格歧视是对不同市场采取的歧视，例如儿童半价票、不同地区不同价格等。有些价格歧视是人们习以为常的，例如儿童半价票；有些可能会使得消费者深恶痛绝，如果根据人的肤色、种族定价。当用户数据被商家收集之后，可能面临五花八门的价格歧视。从整体来说，价格歧视使得商家获取了更多的消费者剩余，商家是赢家；从消费者个人来说，并非所有价格歧视都是有损其利益的。

4.2.1 新老客户之间的差价

新老顾客谁应享有更大的优惠？人们一般认为，老顾客应该给予更多的优惠。事实上并非完全如此，老顾客往往不少是价格歧视的受益者。不少学者专门对新老顾客的价格差异进行了研究，如

Armstrong和Zhou研究表明，企业更多地选择为重复购买的消费者设定了较高的价格，首次访客将给予折扣费率（Armstrong，Zhou，2010）。这是因为，有的消费者可能不会进行价格比较，对之前的价格满意，也就不会更换服务；有的消费者使用习惯了，不愿意承担更换的成本，或者有了心理依赖，不愿意更换。但他们也指出该策略有一定的风险，这种做法可能导致消费者不愿意再次购买。消费者一旦发现了自己因为价格歧视而受损，可能会投诉甚至发起抵制行为，从而有损企业长远利益（E. T. Anderson，Simester，2010）。因此并非所有企业都采取该做法。

4.2.2 竞争对手互挖墙脚

还有很多价格歧视行为是为了争夺竞争对手的市场。Fudenberg and Tirole分析了一种双头垄断市场，在这种模式下，一家公司总是有动力为竞争对手公司的客户提供折扣（Fudenberg，Tirole，2000）。这种价格歧视具有一定的策略性，因为通过低价挖墙脚的行为，既能争夺竞争对手的市场，又能了解客户对竞争对手公司产品的偏好，做到知己知彼。

Valentino-Devries等研究发现，某些在线零售商可能会根据其估算访问者位置进行动态定价。具体而言，访问者与竞争对手的实体商店距离越近，则给予更多的优惠。因为这些顾客选择竞争对手的产品的可能性更大（Valentino-Devries，Singer-Vine，Soltani，2012）。

4.2.3 掩饰性的价格歧视

Taylor 发现，在存在追踪技术的情况下，商家可以推断消费者的偏好并进行价格歧视，隐私监管保护的实用性取决于消费者对价格歧视的熟悉程度。有的消费者不会预料到，卖家有能力使用他们过去的购买记录、浏览数字痕迹等每个细节来进行价格歧视。因此，在均衡状态下，消费者剩余被企业捕获，除非通过监管实施隐私保护（Taylor，2004）。然而，如果消费者意识到商家如何使用他们的数据，并且买家可以相应地调整他们的购买决策，例如购买别的商家的产品，或者换个“马甲”以新客户的身份购买。那么法规就没有必要了，因为价格歧视并不能使企业获利，甚至会流失忠实的顾客，反之保护客户数据符合公司的长远利益。顾客的信任是企业的重要的无形资产，企业不会轻易冒险去损耗它。

Acquisti 和 Varian 也得出了类似的结论，他研究了一个两阶段模型，商家可以使用“跟踪”技术，消费者可以使用“匿名”技术。以电子商务为例，商家可以使用 cookie 来跟踪消费者行为，消费者可以删除 cookie，使用匿名浏览或支付工具等来隐藏该行为。Acquisti 和 Varian 证明，只有跟踪也用于为消费者提供更为优质的个性化服务时，消费者跟踪才能提高商家的利润（Acquisti，Varian，2005）。

Mikians 等曾在线测试不同行业价格歧视情况。他们收集了 340 名测试用户在网上浏览他们感兴趣的产品时获得的价格。通过爬虫技术，他们记录了从不同的位置和用户特征配置中获得的价格。通过分析该数据集，他们发现价格歧视在某些行业中明显存在。商家根据顾客位置和特征的不同，相同产品的价格差异为 10% 至 30%（Mikians，Gyarmati，Erramilli，Laoutaris，2012，2013）。针对于价格变化频繁的在线机票购买网站，有学者进行了一项为期三周的实验，该实验是为了寻找在线购买机票中的价格歧视。最后研究表明，没有找到价格歧视的证据，观察期内的价格变化是正常的价格波动（Vissers，Nikiforakis，Bielova，Joosen，2014）。

在线价格歧视对于普通的企业来说，不仅具有技术挑战性，而且具有潜在的风险（E. T. Anderson，Simester，2010）。目前，国内媒体经常报道杀熟问题，但是确凿的证据很少。然而，有选择地提供价格折扣或优惠券的案例很多，例如新客户折扣、老客户折扣、学生折扣等，这就是商家更为精明的策略。

4.3　公共利益

个人数据不仅被用来提高产业部门的产出，还能提高公共部门运行效率和社会管理水平。

4.3.1　税收制度

税收制度是国家的根本，征税能力是政府的基本能力。自从政府组织诞生以来，历代王朝兴衰成败无不与此休戚相关。古人限于技术条件，政府税收主要来自于人头税和土地税。阅读古代文学作品，经常出现卖身为奴的桥段，其关键在于交不起人头税。贪官抄家之时往往也会查出瞒报的田产，这是为了少交土地税。对比一下如今，个人所得税都通过 APP 填报信息，根据收入实行累进税率，抚养小孩、赡养老人可以抵扣，这些没有掌握丰富的个人数据不可能得以实施（彭岳，2018）。

4.3.2 公共服务

大数据时代，各项公共服务都开始挖掘个人数据红利。例如利用个人的位置信息应用于停车管理、交通信号控制、交通拥堵收费、道路设施维护等领域（王忠，2017）；利用住宿信息、通话记录、视频监控录像等进行刑事案件侦破、恐怖犯罪活动预防和打击；利用个人健康数据进行健康管理、医保控费、医疗卫生资源布局优化等。此外，城市管理、教育、防灾减灾、环境治理等方面（王忠，安智慧，2016）也在利用个人数据资源。

4.3.3 舆情监控

通过大数据分析公开的个人数据，尤其是社交网络和移动终端的情绪分析，能有效分析社会各阶层的矛盾，从而采取相关措施，预防群体事件，打击造谣传谣行为，稳定社会发展。

4.4 公共部门提供的社会服务

公共部门掌握的个人数据并非只用于公共利益，很多情况下也用于提供社会服务。

我国很多行业都需要进行实名制认证，例如住宿、通信、银行、保险等。这些行业都由企业提供服务，企业并不掌握用户的身份信息，这时就需要公共部门提供的社会服务。身份信息需要调用全国公民身份证号码查询服务中心的“全国人口信息社会应用平台”数据。例如酒店入住时，顾客向酒店工作人员出示身份证，酒店将顾客的“公民身份号码”“姓名”等数据通过电信运营商的网络通道传送至公安部“全国人口信息社会应用平台”进行比对，返回“一致”或“不一致”的比对结果。如果没有身份证件，在这些行业就不能享受服务。如果拿着一张假身份证，酒店、银行只要联网验证结果为“不一致”，将拒绝提供服务。以往该服务是收费的。2017 年 5 月开始，取消为落实国家强制性实名制要求对企业收取的公民身份认证服务收费，按规定向国家机关、社会福利公益机构和公民提供的服务不得收取费用。不在规定服务之内的，身份认证服务都需要收取费用。

类似的服务还有学历学位认证服务（教育部所属相关机构根据当事人申请提供的学历学位认定并出具书面报告服务），征信服务（金融信用信息基础数据库运行机构提供的信用报告查询服务和应收账款质押登记服务）等。一般情况下，这些也都是收费的服务。不过因为有政府的价格管制，收费也不能因为资源垄断就随意定价。

第 2 篇　重点行业

2017 年初某著名电商平台发现 2016 年 6 月底入职、尚处于试用期的网络工程师郑某涉嫌盗卖公司内部数据，并向公安机关提供了线索。警方调查后发现，郑某在加入该公司之前曾在国内多家知名互联网公司工作。在工作一段时间获取信任后，郑某利用工作之便窃取公司的核心数据。郑某在信息窃取成功后，则离开该公司，继续到下一知名网站应聘、窃取信息。郑某长期与盗卖个人信息的犯罪团队合作，不但在网上贩卖数据，还利用窃取到的各类注册信息，二次复制银行卡，实施盗刷银行卡等违法犯罪活动①。郑某盗取涉及交通、物流、医疗等个人信息 50 亿条。在掌握大量证据的基础上，公安部统一部署 14 个省市公安机关同步行动，韩某、翁某、郑某等主要犯罪嫌疑人悉数落网。

不仅互联网行业，还有很多行业也都潜伏着这样的数据大盗。只要有超额利润，就会有人铤而走险。本篇将介绍个人数据关系密切的重要行业，分析这些行业中的隐私风险，研究主要利益相关者的决策行为，并提出一些措施建议。

① http：//www. sohu. com/a/128605243_ 354899

5 广告业

2018 年 1 月有今日头条的用户在网上发帖一度成为网络热点。该用户质疑今日头条监听手机麦克风，因为只要他谈话谈及某商品，就会收到今日头条推送的该商品的广告。今日头条紧急发布《致广大用户关于授权今日头条使用手机麦克风的说明》：“除非用户授权头条使用麦克风，否则无法收到语音信号；今日头条用户信息积累靠的是用户点击，而在技术上无法通过麦克风收集声音信息的方式获取个人隐私。”这种情况属于过度担忧，从技术层面来看，没有授权今日头条确实无法监听麦克风。出现这种情况，要么是凑巧，要么是用户在其他渠道表达了该诉求被收集到。这也从一个侧面反映了人们对于广告的警惕心理。

众所周知，目前纵横市场的知名的互联网巨头虽然主要发迹于电商、社交和搜索领域，几乎都是广告业的超级玩家。从搜索引擎的竞价排名到社交、电子商务平台的弹窗广告，这些巨头一端以免费形式向用户提供服务和产品，另一端向广告商销售广告空间，赚取巨额回报。

5.1 中介的算盘

无论是搜索公司、社交网络还是电商平台，在广告业中的位置都是中介，联系着用户与商家。这些中介由于掌握了大量的用户数据，例如搜索记录、浏览记录、购物记录、朋友圈或社交状态，从而了解了用户的需求，并通过给用户提供服务而控制了推广的渠道。

中介收费方式多种多样。我们随便点开一个网站，有的广告只要出现一次，商家就要给中介付费；有的需要点击，商家才给中介付费；有的产生购买行为以后，商家才给中介服务。有的可能是综合性的合同，不管是展示、点击还是购买，中介都向商家收费，只是价格有所差别。中介对不同的收费方式会采用不同的策略以谋求利润最大化。

5.1.1 展示计费

展示计费广告还可以分为两类，一类是随机式展示，一类是有针对性地展示。后者是在中介掌握用户数据基础上，针对目标群体进行的展示。现在的在线广告投放系统都能精确计算各种展示方式的转化效果。中介会据此收取不同的价格。

5.1.2 点击计费

点击计费并非简单地点击鼠标就计费，还能细分为几种模式：按点击次数计费、按点击的用户数量计费、按点击后完成注册的用户计费。这几种模式是层层递进的关系，第一种一个用户可能点击多次，第二种用户点击之后可能就关闭了，第三种注册会员了就极有可能产生购买行为。Hagiu 和 Jullien 研究了中介机构如何利用消费者特征信息来影响企业与消费者之间的匹配。它们表明，如果中间商在消费者每次访问附属公司时收到费用，中介就有动机将消费者引导至他们本来不会访问的公司（Hagiu，Jullien，2011）。这样做，相对于中介操纵了商家所面临的需求的弹性。

5.1.3　购买计费

购买计费一般也分为两种情况，一种是购买成功，购买和支付过程顺利；一种是购买失败，可能购买甚至支付了，后来客户又取消订单或者申请退款。不同的情况，中介都可能收取不同的广告费用。

5.2　商家的抉择

从商家的视角来看，为了追求利润最大化，商家需要进行抉择。首先，为了获取中介提供的流量资源和营销渠道，商家需要购买中介的服务，这就是营销成本。此外，商家还面临着激烈的同行竞争，要想获胜，必须推出有吸引力的价格。如果花费太多的营销成本，为了保持利润，商家难以提供有吸引力的价格。如果要采用有吸引力的价格，难以支付高额营销成本以更为精准地进行客户定位。

总之，商家需要进行抉择，在销售价格和营销支出之间确定一个最优水平。这也能解释，为什么我们在电商平台进行商品检索时，往往排名靠前的产品并非最为低价的产品。这是由于排名靠前的产品支付给了中介更多的广告费，增加了产品销售成本。

由于商家有搜索排名靠前的需求，排名的标签又有“销量”“好评”等选项，也就催生了一些专门刷单或者刷好评的黑手。这些黑手弄虚作假，采用不正当竞争手段，使得电商平台鱼龙混杂。2019 年 1 月 1 日，《中华人民共和国电子商务法》正式实施，有利于行业的规范发展。

5.3 在线广告的迅猛增长

在线广告是数据收集者使用数据资源获利的重要方式之一。较之于传统的广告手段，在线广告不仅在营销对象选择上有更高的针对性，还能计算点击率、转化率等量化指标，从而准确评估广告效果（Athey，Gans，2010）。美国数字广告收入在 2018 年上半年增长了 23.1%，达到 495 亿美元，较 2017 年上半年增长逾 90 亿美元。根据美国互动广告局（Interactive Advertising Bureau）于 2018 年 11 月 13 日发布的 2018 年上半年互联网广告收入报告显示，美国数字广告的年收入有望首次超过 1 000 亿美元[①]。我国尚没有这方面的权威统计数据，根据 BAT 广告收入的增速，我国的增速应高于美国。

首先，广告设计基于真实的用户数据。数据整合商、广告网络

① https://www.ikjzd.com/a/10931.html

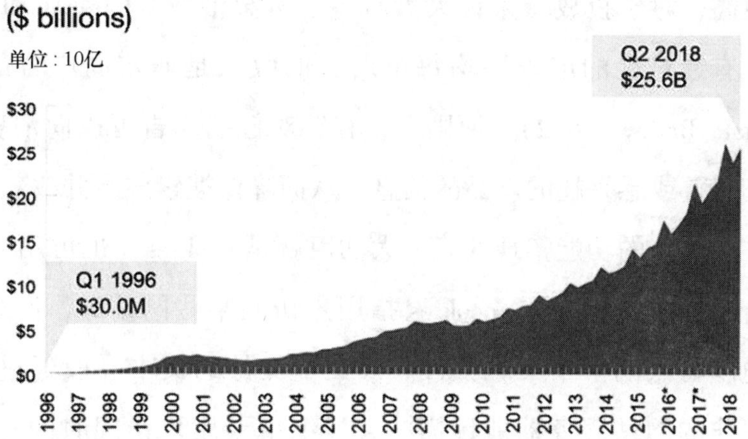

图6　1996—2018年美国各季度数字广告收入

数据来源：2018年上半年IAB互联网广告收入报告

和网站运营商建立关系，以使他们能够跟踪和定位不同网站和不同时间的用户。广告商和网站运营商可以使用多种技术来追踪用户的行为，以往主要基于cookies，现在还可利用支付数据、登录位置。

第二，广告投向能定位合适的目标群体。在线收集消费者信息的关键是"可定向性"。事实上，各种不断发展的技术（如用户主动上报的各种"网络错误"或Cookie等）可以让广告商跟踪消费者的浏览活动并深入了解他们的兴趣，并据此向特定用户子集展示广告。

第三，广告效果可测量性。在开展特定的营销活动之前，广告商利用在线广告的增强的性能可衡量性来试验不同营销信息的效果（Lewis，Reiley，2014）。基于数据收集的广告能通过点击率、转化率等指标准确评估目标效果。点击付费、购买付费比传统的展示付费效率更高，对于投放者来说大大减少了资金浪费。Farahat 和 Bailey 估计，有针对性的广告平均每个广告的收入是非定向广告的两倍（Farahat, Bailey, 2012）。原则上，有针对性的广告可以向消费者提供他们想要或感兴趣的产品的信息，从而降低搜索成本并改善福利。

在线广告的功能实现的第一大功臣就是 cookies（也可用 cookie，没有合适的中文译文）。cookies 指用户访问某些网站时，网站在用户的电脑写入的一个文本文件。该文本文件的文本一般经过加密，只有写作的网站服务器能读懂，会详细记录用户访问时间、地点、行为等信息。如果你浏览了购物网站，该 cookies 一般会记录用户 ID、访问时间、IP 地址、点击的商品、收藏的商品、加入购物车的商品等。如果用户从网站退出来了，网站服务器不能读取 cookies，网站是不是就没有用户数据了？网站早就有所准备，每个 cookie 会在服务器中对应一个 session，服务器可以据此进行数据分析。

有些消费者不愿意被广告商利用，会采取一些技术措施避免被追踪。往往道高一尺魔高一丈，广告和数据行业经常在消费者了解并采取措施以对付现有形式的追踪之后找到了跟踪和识别用户的新方法（Hoofnagle, 2012）。数据控制者会对数据保存进行成本效益分析，从而制定经济的保留策略。例如保留哪些数据，保存时间多长，以及是否灾害备份等。例如谷歌宣布其搜索信息保存九个月，之后对其进行匿名处理。

5.4　电商平台的广告红利

亚马逊将成为谷歌公司、Facebook 公司之后的美国第三大数字广告平台。尽管亚马逊在美国整体数字广告收入中的占比仍只有 4.15%，但是正在增长。相比之下，谷歌和 Facebook 的数字广告收入占比正在下滑。eMarketer 测算，2018 年谷歌和 Facebook 在美国数字广告收入中的占比分别为 37.1%、20.6%，总占比为 57.7%，低于上一年的 59.1%①。较之于搜索网站和社交网站的商品广告，电商平台的广告有着天然的优势。

一是消费者不会反感。消费者登录电商平台就是为了购物，对于平台上的广告一般不会反感，即便广告并非其所想购买的商品。而在其他网站，对于广告则可能有排斥心理。

二是对于精准营销消费者不会有过度的隐私担忧。上文提及的用户对今日头条监听的质疑也说明了一个问题，普通的网络平台如果广告太精准，效果将适得其反，可能引发用户之间的隐私担忧（Goldfarb，Tucker，2011），消费者可能会通过对高度个性化的消息做出负面反应。而电商平台则不会有此困扰。电商平台主要进行以下数据分析：

5.4.1　客户分析

通过购物篮分析客户收入水平及消费偏好，确定最符合客户需

① http：//tech.ifeng.com/a/20180919/45174748_ 0.shtml

求的产品和服务的最佳组合，通过有效的交叉销售和向上销售策略，最大限度地减少客户流失并提高客户忠诚度、保留期和终身价值。交叉销售是指如果用户购买了一台喷墨打印机，就向其推销墨盒。而向上销售，则是向其推销激光打印机或者打印复印扫描一体机，引导其购买更为高级的产品。

5.4.2　营销分析

通过有效的市场和客户细分，优化在线营销组合策略，优化促销和定位以及跨渠道协同效应，同时优化营销支出，改善客户体验并实现利润最大化。

5.4.3　风险和欺诈预防分析

主要防止因产品退货政策和在线欺诈造成的损失。通过数据建模分析方法，识别产品退货中的欺诈行为，并跟踪高风险客户以防止欺诈。

5.4.4　库存优化分析

评估畅销产品，同时放弃一些销量不好的产品，分析当前库存水平，库存周转率并根据季节性和时间预测进行订单推荐、产品降价促销，分析有过多库存或缺货的成本，并最大限度地提高盈利能力。

5.4.5　社交媒体分析

旨在了解客户在社交媒体中表达的观点，通过精心设计的社交媒体策略来扭转负面情绪、引导正面情绪，从而管理企业的品牌声誉，提高客户转化率，并增加销售收入。

6 健康产业

大数据在健康领域应用的深入，必将带来中国乃至全球健康产业的一场大变革。健康大数据发展意义重大，宏观层面，既关系到国家在健康领域的核心竞争力（Collins，2016），又涉及中国人种的基因安全；中观层面，直接影响企业竞争力及健康市场格局；微观层面，与个人身体健康、健康消费、医疗保险等日常生活息息相关。个人健康数据正在数量和种类方面实现爆炸式增长。尤其是可穿戴设备的普遍使用，人们会越来越多地使用其监测健康状况，从而导致健康数据集的迅猛发展。同时，也会导致消费者更多的隐私关注。尤其健康数据敏感性强，在其利用过程中面临着复杂的隐私权衡。

6.1 健康大数据及其数据来源

国家卫计委2014年发布的《人口健康信息管理办法（试行）》对“人口健康信息”进行了定义：依据国家法律法规和工作职责，各级各类医疗卫生计生服务机构在服务和管理过程中产生的人口基本信息、医疗卫生服务信息等人口健康信息。参照前述“人口健康信息”的定义，“健康数据”应该主要是指个人免疫、体检、门诊、住院等健康活动所产生的数据。以往健康数据需要在专业机构的医疗设备上进行采集，随着可穿戴设备技术进步，很多专业医疗设备已经可以个人使用。因此，健康数据也应包括个人使用健康医疗移动应用而产生的数据。健康数据类型及来源很多，而且这些数据分别归属于不同的机构或个人。目前拥有数据较多的机构主要有：

6.1.1 医院及基层医疗卫生机构

医院和基层医疗卫生机构数据产生于医院常规临床诊治、科研和管理过程，包括各种门诊记录、急诊记录、住院记录、影像资料、实验室记录、用药记录、手术记录、随访记录和医保数据等（俞国培等，2014）。

6.1.2 专业公共卫生机构

中国有大量的专业公共卫生机构，其数据来自于经过专门设计的大量人群的医学研究或疾病监测。例如国家卫生部近年开展的脑卒中筛查与防治项目，计划在全国各地筛检100万脑卒中高危人群，对其疾病及治疗后果进行长期追踪。因为这些研究或监测都是经过仔细的专业设计，所以数据内容较多，数据质量也较高。

6.1.3 区域健康信息平台

区域健康信息平台，在有的省市也称为区域人口健康信息平台或者区域卫生信息平台，大多由卫生计生系统主导建设，集中了区域医院挂号、治疗、住院等信息。中国有部分省市建立了区域健康信息平台，如本人在 2016 年 12 月前往江苏调研，已经基本完成了省市县三级的平台建设，走在全国前列。但是，由于对于数据提供方缺乏约束力，数据质量难以保证，存在数据良莠不齐的现象。而且，健康服务平台的大数据具有地区人群代表性，研究结果主要适用于当地人群。

6.1.4　医保

医保数据也产生于医院及基层医疗卫生机构，但是这些数据会经由医保信息系统，在人社管理部门（2018 年机构改革后成立了专门的医保管理部门）集中。医保包括城镇居民医疗保险和新型农村医疗保险两类，前者基本实现数据省级集中，后者实现了数据全国集中。医保数据包括医疗机构、个人、门诊以及基金等数据，数据类型有数值型数据、字符型数据、日期型数据、图片数据等（秦德霖，1999）。由于数据标准较为一致，内容真实可靠，数据质量较高。

6.1.5　个人健康医疗终端服务商

智能硬件采集的身体状态数据、诊疗数据、临床数据等异构多源的数据，涉及个人健康、医疗服务等多个方面，有机整合后可对患者及易患病人群进行有效病情控制和预防，助力个人健康。当前比较普及的健康医疗诊断有智能手环、智能血压计、智能血糖仪等。这些设备收集了大量的健康数据，并直接传输到云端，但是其使用存在不少问题。一方面，这些数据被不同的设备制造商控制，难以有效整合。另一方面，这些数据并非专业检测人士进行的检测，数据误差较大。

6.1.6 体检中心

近年来，我国各类体检中心数量激增。一方面，慈铭、爱康国宾、美年等民营企业全国连锁发展迅速；另一方面，传统医疗机构也纷纷成立体检中心。这些体检中心积累了大量的用户健康数据，数据质量较高，具有较大的开发价值。

6.2 电子病历的艰难普及

个人健康数据收集类型多种多样，应用范围也十分广泛，其中最为核心的数据就是电子病历（Electronic Medical Record，EMR）。与 EMR 关系紧密的另一个术语是电子健康记录（Electronic Health Record，EHR）。两者本义差异大，前者是医学术语，后者比前者范围更广，还包括其他数据。电子病历是以电子化方式管理的有关个人终生健康状态和医疗保健行为的信息，涉及病人信息的采集、存储、传输、处理和利用的所有过程信息。电子病历既有利于提高病人的就诊质量，降低病人的医疗支出，又能提高医院及医生的诊断效率。

6.2.1 美国 EMR 应用历程

即便价值如此巨大的技术，其应用过程也步履维艰。

（1）医院 EMR 应用历程

早在 1960 年，美国麻省总医院开发出了门诊 EMR，并投入使用。随后，陆续有一些医院借鉴其做法开发 EMR。1991 年，国家科学院医学研究所发表了题为“EMR 是医疗保健的基本技术”的研究报告，提出了推广 EMR 的相关建议。但是，隐私监管影响了医院和医疗保健提供者采用 EMR 的速度和方式。1996 年美国健康保险流通与责任法（Health Insurance Portability and Accountability Act，HIPAA）制定了一些隐私保护规则。从此以后，美国才正式走上推广 EMR 的道路。但是前期进展不如人意，2003 年美国只有 13%的医院使用 EMR，2005 年，美国只有 41%的医院采用了基本的 EMR 系统（Goldfarb，Tucker，2012a）。2009 年经济与临床健康信息技术法（Health Information Technology for Economic and Clinical Health，HITECH）投入 192 亿美元用于促进医疗机构使用电子病历。2011 年美国政府推出激励计划和惩罚措施大力推进全国范围的病历电子化。Miller 和 Tucker 利用美国各州的医疗隐私法的变化进行了隐私保护对 EMR 传播效果的量化分析。他们发现，限制医院发布病人信息的隐私法规大大减少了电子病历的采用，州级隐私法规将总体 EMR 采用率降低了 24%以上。他们进一步估计，采用 EMR 增加 10%可以使每 10 万名新生儿的死亡率降低 16 人（Miller，2009；Miller，2007；Miller，2011；Miller，2014）。随着人们对于 EMR 价值的逐渐认可，其普及率逐步上升。2016 年的一项调查显示 91%的美国医生已经在使用电子病历。

(2) 医院之间的数据交换

应用 EMR 只是一个开始，接下来要解决的是不同医院之间的数据交换。由于人们就医往往会在多个医院之间辗转，如果数据不能交换，则在甲医院做了检查之后，到了乙医院还得再做一次。这样既提高了病人的支出，又造成了资源的浪费。卫生信息交换（Health Information Exchanges，HIE）是促进病人电子病历共享的信息技术解决方案，致力于提高医疗机构之间的信息共享能力，目的是提高医疗质量。由于许多新的医疗保健技术依赖于信息交换（Schwartz，1997），所以在医疗行业技术采用的背景下会产生特别重要的隐私权衡。

为了促进 HIE，并解决与共享患者数据相关的日益增长的隐私问题，美国许多州都颁布了法律。为了研究各州法律对于 HIE 的影响，Adjerid 等将法律的隐私要求分为三类：强调患者授权，即任何数据的使用都需要患者授权；强调共享激励，给予患者经济补贴和更好的医疗服务；两者都重视，既有严格授权，又有激励措施。研究发现，采用第三种法律制度的州 HIE 利用水平明显高于其他类型的州（Adjerid，Acquisti，Telang，Padman，Adlermilstein，2016）。因此，监管者需要合理权衡隐私保护与数据分享，以促进技术创新与社会福利。

6.2.2 我国 EMR 的应用情况

由于卫生管理体制的差异以及我国所具有的后发优势，EMR 普及虽然也遇到这些障碍，但整体推进更为迅速。1999 年我国才有医院使用实验性的 EMR 写病史、下医嘱、开检查单。目前 EMR 基本实现普遍使用，但是 HIE 却仍进展缓慢。近年来主管部门出台了一系列文件，相关工作也在加速推进。2018 年 8 月北京市卫健委宣布，北京地区已有 30 家试点医院实现电子病历共享调阅。

表 2　EMR 和 HIE 相关的文件

时间	文件名称	要点
2002 年 11 月	卫生部《全国卫生信息化发展规划纲要（2003—2010 年）》	提及要加强电子病历的建设应用
2010 年 3 月	卫生部《电子病历基本规范（试行）》	确定了电子病历基本规范
2010 年 10 月	卫生部关于开展电子病历试点工作的通知	部署开展电子病历试点
2011 年 1 月	卫生部印发《电子病历系统功能规范（试行）》的通知	进一步规范了电子病历系统功能
2011 年 5 月	卫生部办公厅关于推进以电子病历为核心医院信息化建设试点工作的通知	开展医院信息化建设试点工作
2013 年 8 月	国务院办公厅出台了《国务院关于促进信息消费扩大内需的若干意见》	指出要推进优质医疗资源共享，完善医疗管理和服务信息系统，普及应用居民健康卡、电子健康档案和电子病历，推广远程医疗和健康管理、医疗咨询、预约诊疗服务
2013 年 9 月	国务院颁布《国务院关于促进健康服务业发展的若干意见》	明确指出要推进健康服务信息化，要充分利用现有信息和网络设施，尽快实现医疗保障、医疗服务、健康管理等信息的共享
2016 年 6 月	国务院办公厅印发《关于促进和规范健康医疗大数据应用发展的指导意见》	部署通过“互联网+健康医疗”探索服务新模式、培育发展新业态，努力建设人民满意的医疗卫生事业，为打造健康中国提供有力支撑。提出加快建设统一权威、互联互通的人口健康信息平台，培育健康医疗大数据应用新业态等 14 项重点任务及工程

续表

时间	文件名称	要点
2016 年 10 月	中共中央、国务院日前印发了《“健康中国 2030”规划纲要》	纲要明确指出：加强健康医疗大数据应用体系建设，推进基于区域人口健康信息平台的医疗健康大数据开放共享、深度挖掘和广泛应用
2018 年 1 月	卫健委出台《进一步改善医疗服务行动计划（2018—2020 年）》	文件将“以‘互联网+’为手段，建设智慧医院”纳入创新医疗的服务手段。其中提到，医疗机构加强以门诊和住院电子病历为核心的综合信息系统建设，利用大数据信息技术为医疗质量控制、规范诊疗行为、评估合理用药、优化服务流程、调配医疗资源等提供支撑
2018 年 8 月	卫健委出台《关于进一步推进以电子病历为核心的医疗机构信息化建设工作的通知》	通知中强调了大数据在信息统计分析和智慧医院建设上的作用，此外还对数据联通提出了要求。其中提到到 2019 年，辖区内所有三级医院要达到电子病历应用水平分级评价 3 级以上，即实现医院内不同部门间数据交换
2018 年 9 月	卫健委出台《国家健康医疗大数据标准、安全和服务管理办法（试行）》	成为中国医疗大数据发展史的一次“里程碑”。《办法》中明确了健康医疗大数据的定义、内涵和外延，并对标准、安全、服务管理三个方面进行了规范

6.3 基因数据的隐私风险

遗传信息是一个发展异常迅猛，同时又备受争议的个人数据片段。尤其是 2018 年 11 月发生的贺建奎事件，他作为反面人物进入了《自然》2018年十大人物。基因数据作为遗传信息的载体，相当于人的底层代码。以往对于人们来说是一个黑箱，现在神秘的面纱被逐步揭开。10年前给某个人做基因测序需要耗资100万美元，而且只有特定的机构能完成此项工作。现在基因测序几千元人民币即可完成，大量的公司能提供此类服务。假以时日，基因数据可能会和医院的验血验尿一样稀松平常。

6.3.1 基因数据的应用前景

基因组分析不仅可以揭示个人当前健康状况的信息，还可以揭示未来健康风险的信息，并且这种揭示信息的潜力会不断扩大。这些分析对于患者和健康服务提供商是有用的，因为它们有助于提供个性化药物。同时，随着个人遗传和基因组信息越来越多，消费者将面临新的隐私风险。例如，如果这些信息被商家掌握，将其与其他数据结合起来，可能进行精准营销、价格歧视，甚至在就业和保险市场进行歧视。因此，正如Miller和Tucker指出的，遗传信息的隐私保护力度应该要超越普通健康数据（Miller，Tucker，2017）。

Oster等（2013）研究了大约1 000位患有亨廷顿舞蹈病HD（一种对发病率有显著影响的退行性神经疾病）的风险人群发现，携带HD基因突变的个体购买长期护理保险的可能性比普通人群高5倍。这就是典型的保险市场逆向选择的证据。其他基因，如与乳腺癌、结肠癌、帕金森病和阿尔茨海默氏病风险增加有关的基因也已被鉴定出来，并且对这些基因的检测越来越普遍和精确（Burton，Clayton，Gardon，et al.，2007）。一方面，这些信息可能对开发疫苗、免疫和治疗方法有用，另一方面，医疗机构、保健品商店、保险公司等可能对这类信息感兴趣。尽管有些国家明确限制保险公司收集和分析个人遗传信息，例如美国、欧盟等，我国目前还没有相关的规章制度。受权健事件的影响，2018 年对于保健品行业的监管开始有所加强。

6.3.2 隐私风险的考量

基于基因检测的个性化医疗的传播有可能彻底改变医疗保健行业。尤其对于当今视为绝症的一些疾病，例如艾滋病、癌症等。对艾滋病的恐惧就是贺建奎能找到实验对象的重要原因。对于癌症，有些人因为有相关的基因，即便暂时没有患上疾病，但仍然接受强化治疗、组织切除和放射治疗。例如 2013 年好莱坞知名女星安吉丽娜·朱莉公布自己已经接受预防性的双侧乳腺切除手术，以降低罹癌风险。之所以进行这项手术，是因为她的遗传信息显示她有很高的概率患乳癌。面对这种有遗传性的恐怖疾病，再大的隐私风险可能也会被人抛之脑后，进行基因检测，并进行个性化的预防性治疗。

生物信息技术的不断进步，对基因数据的研究将使得个性化或精准医学的出现成为可能。事实上，先进的信息技术、健康数据科学和基因组数据之间的融合可能会推动和塑造健康信息技术的未来发展（Raghupathi，Raghupathi，2014）。

6.3.3 隐私规制的出发点

在医疗信息技术的发展中，隐私问题经常处于政策讨论的最前沿，尤其是涉及基因数据。不同的隐私保护政策对于患者行为影响也不同。弗吉尼亚大学教授 Miller 和麻省理工学院教授 Tucker（2018）利用癌症风险基因检测数据，探讨了遗传信息隐私保护对个性化医疗推广的影响。美国各州分别制定了相关的隐私保护政策。他们分析各州遗传隐私制度后将其保护政策归纳为三种：规则要求个人被告知潜在的隐私风险；限制雇主或保险公司歧视性使用遗传数据的规则；未经同意不能再次披露，也就是说每一次使用都需要后者的知情并同意。通过对数据分析表明：第一种规则阻止了个体进行基因检测，同时也增加了医院开展基因检测的成本；第二种规则鼓励了基因检测的传播；第三种遗传反歧视原则对基因检测率没有影响。为了加强隐私保护，他们建议应该强化第一类规则，而不仅仅是告知消费者他们的数据将如何使用，并专注于通知和获得前期同意。目前欧盟、经合组织和美国关于基因数据隐私的立法的焦点在于限制基因数据的使用。这样似乎作用有限。

广泛地获得遗传和基因组数据，显然有利于疾病研究，提高整体的健康医疗水平。然而，保护隐私也是一个强制性的要求，也是人权法的要求。这种权衡同时出现在传染病预防上。个人一般都不愿意让公众或者政府知道自己患有传染病。然而及时上报传染病的感染情况，迅速确定这种暴发对于有效启动公共卫生干预措施，准备和调整疫苗以及及时提醒政府机构和公众是至关重要的。很多时候，个人权益不管是否愿意，都需要让渡于公共利益。

6.4 健康数据商业应用案例

近年来，个人健康数据应用发展迅猛，出现了大量的商业创新，也产生了一些独角兽企业。企业的商业模式涉及互联网在线诊疗、医疗机构数据采集与分析、病患需求精准判断和预测、慢性病精细化管理和防治、商业健康保险革新、疾病预防和药物研发等（Chen，Gregory，Gu，et al.，2016）。国内外典型的案例介绍如下。

6.4.1 Practice Fusion 公司

Practice Fusion 成立于 2005 年，致力于开发医患社区和基于云计算的电子病历系统。目前有超过 12 万医疗专业人士和 8 千万患者使用该平台。Practice Fusion 开创了一种全新的盈利模式，通过云计算在电子病历系统的应用，构建了一个囊括病患、医生、实验室、制药商、影像中心、医疗机构等的医疗生态，从而在几乎没有成本支出的情况下实现诊疗效益和医药研发的支持。Practice Fusion 受到凯鹏华盈（KPCB）、Artis Ventures、高通投资（QCV）等著名风险机构注资 1.51 亿美元。

6.4.2 Welltok 公司

Welltok 开发了一个平台 CaféWell，旨在从各种渠道分析消费者的健康状况并提供保健相关的建议。用户只要告诉平台本人的健康状况以及健康愿望清单，平台将为用户量身定制健康活动、食谱，甚至推荐合身的服饰、合适的保险产品及保险促销信息。充分利用或开发大数据或人工智能等新兴互联网技术，实现医患匹配，并进一步挖掘传统诊疗之外的新的健康需求。

6.4.3　慈铭体检

慈铭体检利用健康体检数据构建慢性病管理方案。慈铭体检通过智能运动腕表、手机 APP 和健康管理云平台产品和服务，积累了行走公里数及脂肪燃烧数据等运动数据，体检数据、电子病历等医疗数据，年龄、性别、职业、收入、工作区域等个人特征等数据。利用用户动态运动数据和每年体检报告数据进行数据挖掘分析，给出个性化健康管理方案。通过大数据管理，慈铭体检实现了从体检等一次性收益模式向持续性收益模式的转变。

6.4.4　其他应用

我国企业在健康数据方面的应用创新层出不穷，包括健康服务类可穿戴设备等终端设备、APP 应用软件等软件产品以及智慧健康养老解决方案和系统平台，简述如下：

九安医疗发布 iHealth 系列可穿戴医疗产品包括智能血压计、血糖仪等。围绕这些产品，公司正在打造 iHealth 健康云平台。

海尔在 U-home 智能家居系统中，推动家庭信息传感设备与网络连接。同时，推出作息监测器和睡眠监测仪等针对老年人的智能看护产品，可监测老人生理数据，并提供预警等服务。

倍泰健康推出人体健康测量网络化分析产品和智能网络化运动

器械、电子医疗、远程和移动医疗等产品，同时推出家庭云健康、移动医疗、智慧健康社区、智慧健康养老等解决方案，为用户提供一站式健康检测管理服务。

诺安诺泰致力于打造居民健康大数据管理平台、远程健康管理平台及健康管理类产品。目前，正着手睡眠监护仪、家庭健康信息终端、心爱智能手机伴侣、胎心监护、智能手表/手环等智能家居医疗检测设备的研发。

京东推出能够记录用户健康数据、生成个人健康档案、提供个性化医疗建议等服务的智能健康云，老人等用户可通过健康云打通个人健康通道，享受全方位的健康服务。

百度推出智能可穿戴设备及智能健康设备平台 dulife，可汇总用户可穿戴设备中的数据，通过分析处理，为用户量身打造涉及健身、美容、睡眠、饮食等各个领域的健康解决方案。

6.5 健康大数据发展面临的障碍

尽管我国政府出台了不少文件鼓励和扶持健康医疗大数据发展，但在实际操作过程中，尚有不少瓶颈需要打破，主要包括以下方面：

6.5.1 隐私保护面临新挑战

医疗隐私泄露可能造成歧视、诈骗、骚扰、人身伤害等，严重影响社会稳定和人身安全。若要更好地应用健康医疗大数据，必须平衡数据使用和隐私保护之间的关系（Ajunwa，Crawford，Ford，

2016)。医疗隐私与社会学、法学、信息技术密切相关，对之明确界定难度较大。隐私保护不仅面临着所保护内容不明确的挑战，还面临着难以匿名化、以往安全的数据类型在大数据时代也能分析出个人敏感信息等多重新挑战。具体表现为：

一是匿名化更难。大数据时代数据规模和种类不断增长，某一方发布了匿名化数据，有可能根据别处发布的数据就可重新识别出个人及其隐私，实现去匿名化。

二是元数据敏感化。元数据是数据管控的重要手段，广泛存在于日常生活中，如文档元数据包括作者、公司、时间、字数、页码、大小等。在大数据时代，由于数据集变得越来越复杂，相关的元数据也变得越来越复杂。元数据本身可能无意义，但大量元数据汇集起来与复杂的大数据分析技术相结合，可能勾勒出详细的个人敏感信息和行为。

大数据时代数据规模、种类和分析技术的迅捷发展使很多原有的隐私保护技术不够“健壮”，需要新的技术和手段在保证隐私的同时更好地引导数据在医疗机构之间流动，发挥健康医疗大数据的优势。

6.5.2　健康医疗大数据的共享和开放程度不高

医疗卫生机构是采集和存储健康大数据的主力，相较于移动医疗应用所产生的数据，源自医疗卫生机构的数据具有更高的准确度和商业开发价值（Fodeh，Zeng，2016）。但在目前的医疗体制下，医疗卫生机构之间、医疗卫生机构和社会公众之间，均存在不同程度的数据壁垒，医疗卫生机构没有动力共享数据。数据孤岛不仅造成了患者数据重复采集和医疗资源浪费，也阻碍了健康医疗大数据的系统性开发和建设。

国务院办公厅在《促进和规范健康医疗大数据应用发展的指导意见》中指出，建立跨部门密切配合、统一归口的健康医疗数据共享机制；《“健康中国2030”规划纲要》提到，要消除数据壁垒，建立跨部门跨领域密切配合、统一归口的健康医疗数据共享机制，实现公共卫生、计划生育、医疗服务、医疗保障、药品供应、综合管理等应用信息系统数据采集、集成共享和业务协同。

健康医疗大数据的深入发展需要打破当前广泛存在的数据孤岛。但是，无论是全国还是区域的健康数据资源共享开放平台，必将需要医院、患者以及监管部门多元主体的共同参与，协调的难度大。此外，平台数据资源的访问权限也需谨慎设计，尤其是对于外资企业的开放程度。

6.5.3 健康大数据领域的法律体系亟待完善

目前中国法律尚不能很好地解释和界定健康医疗数据的权属问题，特别是所有权，导致实践中存在健康医疗数据的所有权到底属于患者个人还是医院的争议。有观点认为，医院和患者均参与健康医疗数据的形成，因此数据是共有的（Gillespie，2016）；还有观点认为，数据的所有权在患者个人、控制权在医院、管理权在政府（Johnson，Hall，Hulme，2016）。健康医疗数据权属的模糊性（Kaplan，2016），不仅掣肘数据的授权使用，也给患者的个人隐私保护埋下隐患。

在现行的法律框架下，健康大数据作为一种资产，保护方式可分两类：若数据经医疗机构或授权的第三方机构处理，具有了智力成果或经济价值属性，可以适用于知识产权或商业秘密的保护机制；若数据是医疗机构或医疗运营商采集的与个人医疗健康相关的原始数据，属于个人信息和隐私范畴，可以适用于人身权的保护机制。为了规范健康大数据的应用，立法机关应加快制定和出台个人信息保护单行法。

立法应该平衡个人隐私和公众利益之间的关系，从制度层面为大数据的应用留下空间。2017 年 6 月 1 日起施行的《中华人民共和国网络安全法》第四十二条规定："网络运营者不得泄露、篡改、毁损其收集的个人信息；未经被收集者同意，不得向他人提供个人信息。但是，经过处理无法识别特定个人且不能复原的除外。"也就是说，数据控制人若能对收集到的个人信息进行处理，达到无法识别个人且不可复原的程度，对数据的使用可不受公民个人信息保护的制约。

6.6　发展健康大数据的建议

我们也可以从一个乐观的视角来看待分享与保护的艰难抉择。正如 Miller 和 Tucker 指出，监管保护通过对交换信息施加成本来抑制技术扩散，同时明确的隐私保护通过让潜在的采用者确信他们的数据是安全的，从而促进了信息技术的使用。目前由于健康大数据应用面临较大的法律风险，产业和科研部门不敢在此领域进行研发投入，以至于尽管我国健康数据资源丰富，健康大数据的发展却落后于先发国家。为加快健康大数据发展，提出如下建议（Miller，Tucker，2011）。

6.6.1 规范健康数据的获取活动

欧盟 GDPR 规定了个人数据处理的透明性、最少数据收集原则，并赋予数据主体随时撤销同意权、被遗忘权、可携带权等权利。中国尚未通过法律明确规定类似的原则和权利，应借鉴和参照欧盟的经验规范健康数据的获取。

(1) 规范非医疗机构健康数据收集行为

随着可穿戴设备的日益普及，各类健康数据随时随地都在被非医疗机构收集。通过非医疗机构平台收集数据，总体上须遵循合法、正当、必要的原则，通过隐私条款或其他方式明示收集、使用信息的目的、方式和范围（葛丽明，马绍峰，2014），且经被收集者同意。

(2) 规范健康数据的共享

无论是医疗机构之间，还是与区域人口健康信息平台进行数据共享，都应有一些标准规范。尤其使用医疗机构共享的个人健康数据，则需设置数据保护手段，通过有效的脱敏措施，使数据无法识别特定个人且不能复原。

6.6.2　强化健康数据本地化存储

国家卫计委在颁布的《人口健康信息管理办法（试行）》中明确禁止将人口健康信息存储在境外服务器上。但该限制仅局限于其定义“人口健康信息”，不适用于健康医疗移动应用采集到的个人健康信息，以及对人口健康信息脱敏处理后的数据。这些数据也同样具有重要的战略价值，应要求其本地化存储。

6.6.3　加强健康数据境外传输监管

无论是从人种基因安全，还是产业关键竞争力的视角，都需要加强健康数据境外传输的监管。目前中国在法律层面，尚不存在禁止向境外输出健康医疗大数据或个人健康数据的规定。在《中华人民共和国网络安全法》中引入了“关键信息基础设施”的概念，限制关键信息基础设施的运营者将在中国境内存储的“公民个人信息”和“重要业务数据”传输至境外。应充分利用这一条款，将健康医疗数据处理平台纳入关键信息基础设施的范围。这样能确保平台上收集和存储的“公民个人信息”需经相应的安全评估才能向境外输出。

6.6.4　出台健康数据匿名化的法律法规

目前，我国健康大数据的价值挖掘面临法律风险，使得海量的数据富矿处于沉睡状态。国外为了开发健康大数据，有一些数据匿名化方面的探索，例如美国《健康保险可转移及责任法》提出了去身份化（Kaplan，2016）：“通过处理使得数据不能识别特定个人，或者没有合理的基础能够认为该数据可以被用来识别特定个人。”日本2015年通过《个人信息保护法》修正案，允许企业向第三方出售充分匿名化的数据，但要求：匿名后的数据不能够与其他信息进行比对、参照，以实现身份识别的功能，且不能复原。我国也应该尽快出台相关的法律法规，使业界能放下顾虑，发掘健康数据的潜在价值。

6.6.5 完善健康数据资源共享开放机制

政府已经启动了健康大数据资源共享开放的进程，上线了国家人口与健康科学数据共享平台。应进一步扩展平台功能，建立卫生计生、中医药与教育、科技、工业和信息化、公安、民政、人力资源社会保障、环保、农业、商务、安全监管、检验检疫、食品药品监管、体育、统计、旅游、气象、保险监管、残联等部门密切配合、统一归口的健康医疗数据共享机制。

7　劳动市场

人们大多通过劳动市场求职或者招聘。求职者和招聘者彼此交流信息，相互甄别并进行选择。如果信息交流顺畅，有利于组织的成功和提高个人的工作满意度。如果交流不好，公司可能招到不称职的员工，个人可能会对自己的工作不满意。当工作未能满足个人的期望或满足他们的需求时，就会对工作不满。这种对工作不满常常导致新的求职。任职期间，雇主还会收集员工的个人数据，对个人工作乃至人品和生活进行评估。本章主要介绍双方互动过程中的数据保护与分享，及其影响与建议。

7.1　个人数据是否对于求职多多益善

雇主往往根据应聘者简历中提供的信息推断候选人的个人特征，并使用该信息选择未来的员工。一般情况下，雇主招聘时会对员工有充分的了解，以免所找非人。但是，获取乃至掌握应聘者信息存在成本。Strahilevitz（2008）指出，当雇主无法全面掌握求职者的相关信息时，雇主可能会越来越多依赖统计歧视策略（Strahilevitz，2008）。所谓统计歧视，就是根据大样本统计数据招聘员工，而不充分考虑个体情况，假设统计表明A类人群比B类人群平均智商更高，招聘之时就不考虑B类人群。一般情况下，985高校、211高校的整体实力比普通高校强，招聘之时直接就筛选掉普通高校的毕业生。因此，雇主的个人动机或偏见最终会对某些少数群体产生消极影响。在这种情况下，扩大向雇主提供的信息通常会导致更公平和更有效的结果。

也有学者认为，屏蔽个人信息有时会达到更公平的就业市场结果。例如，Goldin和Rouse（2000）发现证据表明，在挑选乐团表演者时，隐藏候选人的身份信息，直接评判表演效果，能更有效地招聘表演者，促进了招聘的公正性。因为一些个人数据可能带来偏见或者歧视，例如毕业院校及专业、种族、工作经历等。

具体个人数据是不是越多越好，可能与公司性质、招聘岗位要求有关系。如果是规模较大的公司，人员分工比较细，招聘的员工只是工种固定、内容简单的工作，可能对于个人数据的需求不高，太多的数据可能会夹杂太多的偏见。如果对于团队协作十分重要、或者处于初创阶段的公司，应该是数据更多更好，这样才能找到各方面都匹配的合作伙伴。

7.2 特殊人群的求职信息分享

有一些特殊人群，其求职过程中的个人信息披露可能比普通人更为复杂，例如有犯罪记录的人、残疾人，还有涉及性别取向、宗教信仰等敏感信息时。

雇主是否应该用犯罪记录筛选候选人？美国的多项研究证据表明，由于与犯罪记录相关的耻辱感，具有犯罪记录的个体更可能经历工作不稳定和工资下降（Waldfogel，1994）。如果允许雇主做此筛选，有前科者可能会被他们的犯罪记录所牵制，无论他们在哪里申请工作，很有可能被拒绝，或者支付更低的薪酬，这样更加加剧其反社会倾向（Nagin，Waldfogel，1995）。监狱释放犯人的目的本来是给提供改过自新的机会，如果社会上没有人接纳有前科者，不仅前功尽弃，还可能刺激其更恶性的报复社会。Blumstein 和 Nakamura 的研究指出，有前科者重新陷入犯罪行为的可能性会随着时间的推移而下降，而且仍然保持“清洁”的有记录者的犯罪概率不会高于无犯罪记录的同龄人（Blumstein，Nakamura，2009）。在这些情况下，忘却可能会带来更好的社会效益（Blanchette，Johnson，2002）。

残疾人要想享受政府提供的各项就业优惠政策，就得如实提供个人数据以证明自己符合条件。至于宗教信仰、性取向之类的敏感信息，一般雇主不会要求应聘者提供，以免惹上官司，但是并非意味着所有雇主都不在乎。

人们大多会有自己的社交网站账号，并在上面公布各类信息。有些雇主对于不便通过简历或者面试获取的信息，可能会另辟蹊径通过社交媒体来获取。Acquisti 和 Fong（2013）研究发现，有一些美国雇主会在社交网站搜索候选人的信息，从而进行聘用抉择（Acquisti，Fong，2013）。国内目前这方面的研究很少。从雇主的角度，为了寻找合适的职员，不惜多方打探。对于应聘者，这种情况是福是祸难以衡量，或许因为这些补充信息选择了你，也可能因为这些信息放弃了你。

7.3 员工管理的隐私考量

有人曾在网上匿名发帖指责北京某互联网公司。因为他在该公司实习期勤恳能干，绩效指标超额完成。原以为能顺利转正，突然被HR约谈说未通过试用期，理由是工作态度不端，与公司价值观不符。他私下寻人打听，才意识到可能是由于曾在工作期间被监控到登录色情网站[①]。

还有工作用的电子邮箱、办公室的摄像头，有的公司甚至让员工手机安装APP，让员工汽车安装GPS进行定位。前面的电脑监控还可以找一些理由，例如电脑是公司的资产，工作时间监控或者屏蔽是为了信息安全。后面两种行为则是赤裸裸的监控，这些都收集了个人数据，而且对个人隐私形成一定的侵犯。

事实上，大多数雇主监控着雇员。其动机可能并非传统工厂中的监工，逼着工人尽可能多干活，而是意在保留证据以应对可能发生的各种纠纷。时至今日，员工们可能也习惯了在工作场所的各种摄像头，他们对隐私已不再有奢望。

7.3.1 电脑监控

使用公司电脑可能受到各种监控，例如登录的社交、购物等各

① https：//www.jiemian.com/article/2500527.html

类网站。有的公司干脆屏蔽了社交网站和社交软件。由于雇主拥有计算机网络和终端，他们可以自由地使用它们来监控员工。雇主可以使用技术监控员工计算机的方方面面：

① 计算机软件可以使雇主看到屏幕上的内容或存储在员工的计算机终端和硬盘中的内容。

② 雇主可以跟踪员工离开计算机的时间或终端的空闲时间。

③ 击键监控告诉雇主每个员工每小时执行多少次击键。

有些雇主甚至会在没有告知员工的情况下监控员工的计算机。一般情况下，雇主会将监控事项告知员工。这些信息可能通过备忘录、员工手册、工会合同、会议或计算机附带的标签进行传达。目前，我国法律对于这方面尚没有保护条款。

7.3.2　电子邮件监控

如果使用公司电子邮件系统，则雇主拥有该电子邮件系统并允许其审查其内容。公司内部发送的消息以及向其他人或公司发送或接收的消息可能会受到雇主的监控。员工应该对此有充足的思想准备：其电子邮件受到监控且不是私密的，而且单位邮箱的相关数据也不受法律保护。

7.3.3　电话监控

在大多数情况下，雇主可能会在工作时收听员工的电话。例如，雇主可以出于质量控制的原因监控与客户或客户的呼叫。但是，法律要求应该播放录制的消息来通知“您的通话可能被录音”。个人手机是一个例外，而且一般雇主也没有能力来监听员工的个人手机通话。

7.3.4 手机

如果员工使用的移动电话是由雇主提供的，雇主可以合法监控。有些公司在给员工配发的手机上面安装了监控应用，可以秘密记录您的短信、电子邮件、互联网使用情况、位置、联系人、通话记录、照片和视频。

一些雇主允许员工使用他们自己的个人手机用于工作目的，代替雇主提供的设备，或者与雇主提供的手机同时使用，这通常被称为自带设备。如果雇主想在员工自带设备上安装 APP，员工为了保护隐私想拒绝安装，可能要根据单位性质和岗位要求来决定。对于公共部门或者特殊岗位，可能无法拒绝领导安装 APP 的要求。普通企业的普通岗位，员工如果寻求仲裁或者司法途径，都是有胜算的。

7.3.5 视频监控

视频监控是一种常用的方法，可以防止盗窃，维护安全和监控员工。即使员工不知道或不同意受到监控，国内的法律也不会阻止视频监控。但是一些特殊场所除外，例如更衣室或浴室中的隐藏摄像头。

7.3.6 位置跟踪

如果公司配备有车辆的话，雇主一般会使用全球定位系统（GPS）设备来跟踪车辆及车中的雇员。只要是公司的车辆，员工使用之时就不应该有保护自己位置数据的期望。如果是私人汽车，员工可以拒绝雇主安装 GPS 设备。有些公司还会配发工作手机，雇主可能会使用工作手机跟踪和监控员工的位置。员工所能做的也就是下班时间不携带工作手机。

7.3.7　社交媒体监控

许多公司都制定了社交媒体政策，限制员工在社交网站上发布有关公司的敏感言论。员工如果在社交媒体上发布一些对于单位不利的言论，千万别以为只是私下发牢骚。一旦公司认真起来，这种言论是要承担法律责任的。

总之，对于各种监控，要根据工作单位或者工作岗位性质进行区别对待。作为公职人员，尤其是国家保密单位以及涉密人员，所有的这些监控是理所当然的。因为这些单位及员工的所作所为涉及国家利益和公共安全。这些监控举措也是受到法律保护的。还有一些特殊的岗位也会有一些特殊的纪律，例如财务负责人、人力资源负责人等。

对于普通的公司普通的工作岗位，员工无需逆来顺受。员工应该要求有知情权，到底哪些方面被监控，什么时间、地点被监控。如果认为监控不合理，可以提出整改要求。要求在公司得不到认可，可以申请劳动仲裁，甚至可以向法院起诉要求其承担民事侵权责任。

7.4 是否应该关心员工的家庭生活

计划经济时代，人们都习惯了依靠单位，解决个人问题找组织、结婚登记要组织开介绍信，家庭纠纷、子女就业都与单位有关系。随着市场经济的发展，工作与生活似乎分开了，除了上班 8 小时，下班该干嘛干嘛，单位管不着，也不愿意管。事实上现在企业只是不再干预家庭事务，并非与家庭保持隔绝。

公职人员要申报个人及家庭成员信息理所当然。普通公司在入职时，也会收集员工的家庭信息，包括家人的工作单位、职务、家庭住址、联系方式等详细的信息。公司这样做是有其理由的。如果员工有意外事故或者出现纠纷，例如突发急症，可以确保公司第一时间联系到家人。正规公司一般会由人力资源部专门保管这些信息。一旦发生信息泄露，员工可以通过起诉等手段维护个人权利。

除了收集个人数据，企业还会通过多种途径加强与员工家庭的联系，例如家访、组织集体聚餐、旅游或者年会等。企业的出发点主要是维持稳定可靠的员工队伍。对于员工遇到的困难给予帮助和关心，也有利于提高员工的忠诚度。如果员工家庭关系紧张，可能因此影响工作效率。有些员工可能以出差或者加班为借口，背着家人和公司在外嫖赌逍遥，反而由公司背了黑锅。对于财务部门的，有外遇或者参与赌博的员工更大可能挪用公款甚至携款逃跑，这方面的案例不胜枚举。

8 征信

信用是市场经济的基石。传统农业社会中，人们安土重迁，形成了人与人之间相互熟悉的相对稳定的社会结构，也就是所谓的熟人社会。个人会依据关系亲疏远近构建一个个关系圈，人与人之间就通过这种圈子的联系构成一张张关系网。人们往往从熟悉得到信任，各种信用行为是靠着口碑和血缘、地缘等关系认同而完成。到了市场经济条件下，熟人社会变成了陌生人社会（汪国华，2006），信用行为就得依赖征信。

8.1 征信中个人数据的价值

征信是依法采集、整理、保存、加工自然人、法人及其他组织的信用信息，并对外提供信用报告、信用评估、信用信息咨询等服务，帮助客户判断、控制信用风险，进行信用管理的活动。本节所关注的征信对象主要是自然人。针对自然人，主要的征信服务就是信用报告和信用评估。信用评估又主要是信用评分，例如大家常见的芝麻信用评分。信用评估的另一个方式是信用评级，这些主要应用于企业法人和一些社会组织，甚至国家。

积极的信用记录和评级可帮助消费者获得更低的贷款利率，更大的信贷灵活性以及具有更长偿还期限的贷款。尤其是在共享经济蓬勃发展的环境下，良好的信用更是能享受各种福利，例如免押金入住酒店或者民宿，免押金租用电子产品，免押金骑行共享单车，甚至有资格试用某些产品，购买某些保险产品。为了建立信用档案，需要获得信息，例如来自消费者和销售相关商品的公司的数据，个人收入及社保缴纳数据。如何在不损害此类信息的保密性和机密性的情况下共享有关客户的私人信息，这是征信行业面临的主要问题。

8.2 美国征信行业数据监管

无论在哪个国家或者地区，对于个人数据监管最为严格的行业之一就是征信行业。同时，该行业也被授予了多种特殊的权利。作为全球征信行业发展最为成熟的国家之一，美国在 1970 年开始实施《公平信用报告法》(Fair Credit Reporting Act，FCRA)。FCRA 规定，征信机构可以不经用户许可收集其信息，但禁止收集种族、信仰等信息。而且，征信机构可以与第三方共享个人信息，但是必须将共享的信息内容和对象告知消费者，还需验证使用者的身份和使用目的。

征信数据使用最多的行业之一便是金融行业。1999 年实施的《格雷姆-里奇-比利雷法》(Gramm-Leach-Bliley Act，GLBA)，又称美国《金融服务法现代化法》，对于规范金融行业个人数据的利用进一步细化。GLBA 规定消费者可以部分控制金融机构如何使用和共享他们的个人数据，并要求相关公司制定保护措施，确保客户记录的安全和机密性。GLBA 允许各种金融机构出售、交易、分享或提供关于其客户的非公开个人信息给关联公司。关联公司被定义为与其他公司共同控制，受其控制或与其共同控制的任何公司。GLBA 允许消费者选择退出，这样其数据就不得披露给其他公司。金融机构可以将信息传递给营销或销售公司以销售新产品或联合提供的产品。一旦这个无关联的第三方拥有了消费者的个人信息，他们就可以在他们集团公司中分享。但是，他们自己不能通过这种豁免同样将信息传递给更多的公司。此外，在符合其他法律或法规的情况下，金融机构可以向征信机构披露用户的信息。

美国的个人信用报告服务基本被 Equifax、Experian、Trans Union 这 3 家公司垄断。其中第二个公司总部在英国。而信用评分方面，FICO 是行业领导者，其信用分的打分范围是 325~900。如果借款人的信用分达到 680 分以上，金融机构就可以认为借款人的信用卓著。如果借款人的信用分低于 620 分，金融机构或者要求借款人增加担保，或者寻找合适的理由拒绝贷款。由于美国的法律禁止信用分作为拒绝贷款的唯一理由，就需要金融机构提供一些别的理由。如果借款人的信用分介于 620~680 分，金融机构就要作进一步的调查核实。

8.3 中国征信行业数据监管

由于文化背景和体制差异，中国的征信行业与美国有很大不同，不少学者进行了比较分析。整体来说，中国征信行业发展起步较晚，直到2013年才发布实施《征信业管理条例》。

在个人征信方面，个人信用报告由中国人民银行征信中心提供。个人信用报告服务2013年先在江苏、四川、重庆3省市试点之后，2015年全国各省均可网上查询。2018年6月，中国人民银行征信中心开通了个人信用信息服务平台，公布了个人信用报告查询网址和公众号“征信小助手”。官方提供的个人信用报告服务使得我国不像美国一样有众多大体量的征信公司。但是该报告主要数据来源是银行，而市场的金融服务往往需要多种渠道的数据。因此，近年来征信行业搭上互联网金融的发展浪潮，发展迅速。

个人信用评分的翘楚是芝麻信用。2015年微信朋友圈曾掀起一股晒芝麻信用分的热潮。芝麻信用致力于解决消费者和商家之间的信任问题，构建互信互惠的商业环境。依托大数据、云计算、区块链等创新技术，连接商业、民生等多维场景，为消费者提供普惠平等的信用服务，比如免押信用租、信用签证、极速理赔等，提升信用带来的幸福感。与此同时，帮助商家重构体验、提高效率、降低风险、扩大销量，让他们也享受信用红利。依托阿里巴巴的平台优势，芝麻信用在个人征信行业具有举足轻重的地位。其他公司也在积极发展自己的信用评分体系，例如拉卡拉在推其考拉信用分，腾讯在推其腾讯信用分。

8.4 信用评分与个人数据的权衡

信用评分应用的领域越来越广，而其最初的应用在于借贷关系。对于贷款人而言，如果不了解借款人的相关信息，利率再高也不敢贸然贷款。借款人要想获得期限越长、利率越低的贷款，就需要提供更多的个人信息以证明自身的偿还能力。

将此置于一个宏观的环境中，贷方获取借方数据更容易，贷款成交的额度和概率就更高。因此，在这种环境下，过度的隐私保护不利于个人进行贷款，也不利于金融市场发展。Jappelli 和 Pagano 指出，如果银行分享有关其客户的信息，他们会增加对安全借款人的贷款，并降低违约率（Jappelli，Pagano，2002）。与此相关的是，Einav，Jenkins 和 Levin（2013）发现信用评分能够为低收入个人的低风险借款人提供更慷慨的贷款（Einav，Jenkins，Levin，2013）。Qian 和 Strahan 等其他学者也通过实证研究证明了这一结论（Qian，Strahan，2007）。

市场经济环境下，个人难免会与借贷发生关系。央行数据显示，2016 年，全国个人住房贷款余额 18 万亿元。近两年，政府收紧了房贷，但是个人信用贷款却发展迅速。各大银行都推出了可用于教育、旅游、装修、购物等的信用贷款。为了提高贷款审批效率，很多银行都采用手机 APP 填报资料，员工上门面签。

互联网公司也大力发展金融业务，微信有微粒贷，阿里巴巴、京东都有相关的金融产品。要想享受这些产品提供的服务，首先就得详细填报相关的数据。有些产品因为一直在收集数据，不需要特别的填报，只需要点击申请，即可进入审批，并迅速获得贷款。较之于普通银行的贷款，互联网公司贷款往往审批效率更高，不需要面签，也不需要填报各种表格。

除了贷款，如果想享受多种共享经济免押金服务，例如住宿、租车、租电脑、租相机之类的，就需要按照个人信用评分规则，尽可能多地提交个人数据，例如学历学位证书、房产证、车辆登记证等。

9　共享经济

共享经济或者分享经济是一种基于互联网的经济形态，一般被视为个人与个人之间分享某种私人物品尤其是贵重的固定资产的活动。随着其概念的不断发展，物品的提供者也扩展至租赁型的企业，例如共享单车一般就由公司提供。千百年来，共享贵重资产并非新奇之事，但是只会在亲人朋友之间分享。共享经济产生的关键在于个人数据或者说信用的便捷交流，没有对方的详细信息，没有人会愿意将自己的房产、汽车分享以获取单笔小额回报。

9.1　共享经济的红利

共享经济允许个人和团体从未充分利用的资产中赚钱。通过这种方式，固定资产转变成为了服务共享。闲置的房间出租，既能使房主获利，又能使租客得到实惠，Airbnb 就宣称其收费比相邻的酒店价格平均便宜 30%～60%。除了共享交通工具、共享住宿，共享经济的新形态令人目不暇接：

共享办公室：主要出现在大城市，为自由职业者、创业公司和在家工作的员工提供共享的开放式工作空间的公司。

共享电子产品：将笔记本电脑、平板电脑、数码相机等电子产品在线出租。

P2P 贷款平台：允许个人向其他人提供贷款，对于借方，其利率比传统的金融机构更便宜；对于贷方，其利率高于银行存款利率。

共享服装：允许个人出售或租赁衣服的网站。

共享时间：有一些自由职业者提供配套服务，例如排队买票、排队挂号、代办证件等。

如果买不起这些商品但是偶尔要用一两次，共享经济是很好的选择。个人物品分享将大幅降低人类对土地、房产、汽车的购买需求，提升资源利用效率。例如滴滴推出的顺风车和拼车服务，降低了乘客的交通成本，提高了私家车以及出租车的使用效率，也提高了道路使用效率。

9.2 共享经济的交易费用

2018 年对于共享经济而言命运多舛。网约打车平台滴滴出行，短短 3 个月发生两起奸杀案，以致顺风车业务在 2018 年 8 月 27 日全国范围内下线。随后 ofo 小黄车押金挤兑，使得疯狂发展的共享单车遭遇了急刹车。得益于互联网的发展，分享者和使用者能将供需信息在网络发布，并形成交易。这一过程使得交易费用大大降低，但是并非为零。

首先，分享者和使用者存在信息不对称。在有的情况下，分享者是信息强势方，例如顺风车中的车主；有的情况下，分享者是信息弱势方，例如民宿出租后在用户的使用过程中，对于房屋或者家具的磨损情况房主并不能全面掌握。

第二，分享经济普遍存在歧视现象。供需双方将个人信息在平台公布之后，在线平台上共享的大量信息会在用户之间造成种族和/或性别偏见。Airbnb 不得不面对来自非裔美国人和拉美裔租房者的种族歧视投诉。国内的短租平台有些房东明确写明，不欢迎老年人，不欢迎儿童。

第三，出现事故后责任难以明晰。随着分享经济的盛行，各种各样的事故也频繁出现。不同于普通的租赁公司，服务提供者与共享经济平台并不存在雇佣关系，比如顺风车司机不是滴滴出行平台的雇员。平台对于服务提供者难以进行管理和制约；同时，一旦用户发生违约行为，如果没有押金，平台也难以追究用户责任。目前，相关的法律监管跟不上共享经济的迅猛步伐。针对出现的大量问题，需要逐步完善监管制度。

9.3　隐私的权衡

共享经济平台上完成的共享过程通常涉及个人信息的交换。以民宿为例，使用者需要提供个人基本信息、信用卡信息、旅行习惯等，而分享者需要提供房屋地址、屋内设施及状况、个人物品的照片等信息。在共享过程中，与各种商品的使用相关的个人偏好以及个人空间被交换或公开。因此，无论是消费者、平台还是提供者都需要进行隐含或明确的隐私权衡。与隐私损失风险相关的成本与共享经济提供的优势相称，例如，消费者分享足够多的数据才能获得更个性化的服务，供给者分享足够多的数据才能获得更多的经济收益（Teubner & Flath，2016）。在共享经济中发生的复杂交换涉及隐私、商品和服务，使个人数据面临一个多方面的权衡，可以通过不同的视角来分析。

9.3.1 平台数据使用的权衡

共享经济平台的运营并非公益事业，也是以利润为导向的企业组织，也需要满足投资者和股东的利益。平台的可持续运行取决于商业化和成熟程度，除了收取一些信息中介费或者广告费，平台最有潜力的资产就是积累的用户和供给方的数据。因此，平台会有很强的动力去利用这些数据牟利。如果没有有效的监管，平台组织可能会使用用户数据进行市场调研和进一步的商业用途。但是，数据的使用难免引发用户的隐私顾虑，可能会导致信任的丧失，从而对平台组织产生不利影响。因此，平台应在法律许可范围内，处理好数据保护与利用的关系。

同时，平台也应该对提供者或者用户建立准入机制和声誉机制。准入机制确保进入的消费者和提供者都是安全、诚实、可靠的人，以免混入了行为不端者，造成了矛盾纠纷，影响平台的整体信誉。声誉机制则是对参与者的一种激励，好的声誉能获得更多的市场信任，从而实现更多的交易次数和交易金额。

9.3.2　提供者的权衡

提供者在共享平台上分享他们的商品和服务，隐私是需要考虑的一个关键因素。除了个人数据隐私，还涉及当与陌生人共享房屋和私人财产（例如汽车或物品）时受到损害的风险。因此，平台组织应允许提供商充分选择数据共享程度，以便保护提供商免受可能与其暴露隐私相关的风险。

9.3.3　消费者的权衡

消费者参与共享经济的重要前提是，他们认为所获得的收益超过对隐私暴露的担忧。隐私问题不仅包括数据的使用，还包括社会关系和准入，如地位、声誉和耻辱。这些不同的隐私问题可能需要进一步阐述，因为它们似乎与不同的品质有关。一方面，它们涉及个人数据的使用和滥用，例如信用卡信息、地址、旅行模式等。这些隐私问题主要与平台组织及其对此类数据的使用有关。因此，消费者对平台组织的认识和信任至关重要，而数据的使用和滥用也成为监管和公司道德的问题。另一方面，与社交问题相关的隐私问题与平台，其他消费者和提供商周围的社区更相关。用户关心他们能够控制和管理边界的程度，以及他们如何被看到、描绘和评估。这些担忧可能不仅仅是与公司行为相关的信任、监管和道德问题，而是一个使用户能够控制其社会关系和身份的能力问题。

10 婚恋平台

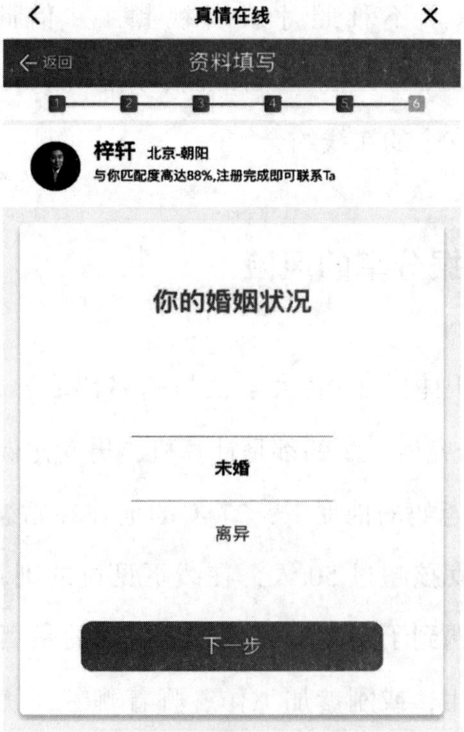

图 7　某婚恋网站注册页面截图

上图中精确指出某人与梓轩有 88%的匹配度。这对于一个寻觅人生伴侣的人是很大的诱惑，用户会迫不及待地注册并@梓轩。十年以前，很多人还会觉得通过婚恋网站寻找对象有些难以启齿。现在，这已经成为一种促成姻缘的重要和常见的方式，协助人们从更大的社会网络中选择人生伴侣。婚恋平台的用户会主动分享其个人信息和照片，以形成建立在人际信任基础上的有意义的关系。他们还会与在线认识的人交流，会留下大量的文本、图片甚至视频信息。这些信息会留下隐患，可能会遇到诈骗者冒用身份，甚至会遇到敲诈勒索者，获取了不雅照片或者视频，并借此敲诈（Hallam，Walrave，De Backer，2018）。监管部门、婚恋平台还需要不断完善相关制度，以确保安全的在线约会。

10.1 用户数据分享的风险

林某毕业于国内某知名大学，是一名码农，自称“资深单身狗”。从本科到研究生，学的都是计算机，男女比例七比一，一直单身。2012年，在爸妈的催促下，27岁的他才在婚恋网站注册。5年里，他深聊过的女孩超过50人，在线下见过的则超过20人。爱情没找着，骗子却遇到了一大堆。最容易遇到的是酒托。她们一般说是北京高校的学生，或刚参加工作。聊着聊着，就会突然说，最近工作压力大，很累，很郁闷，想出去喝喝酒[①]。

无论是苹果还是安卓的应用商店，婚恋APP的下载量都在持续

① 摘自 http：//baijiahao.baidu.com/s？id=1579234050686474158&wfr=spider&for=pc

快速增长。中国也有越来越多的人试图利用互联网或APP找到他们的另一半。为了实现浪漫梦想，人们在APP或者网站上认真填写着自己的各种信息，生怕某一项填错了而错过了一段良缘。目前没有可靠的统计数据，但是从网友评论中可见，失望者居多，甚至不少人上当受骗，情财两伤。

尽管信息的真实性对于个人利益攸关，还是会有人在婚恋平台保持其私密性。这是因为不少人对于婚恋平台所预期或遇到的风险保持警惕。

10.1.1　尴尬

不少用户或者潜在用户觉得在婚恋平台相亲并非很光彩的事情，尤其不愿意被同事、同学、邻居之类的熟人发现其在婚恋平台的个人资料。尤其发现熟人看了本人的资料，见面时可能会觉得很尴尬。当然，也可能会会心一笑，甚至线下交流相亲经验。还有些情绪可能会更糟糕。例如某个很讨厌的人在婚恋平台对本人表达好感，或者发表猥琐的留言，可能让人恶心、心里不舒服。

10.1.2　影响家庭和睦

个人资料一旦发布在婚恋平台上，无法预测谁将看到。更无法预料，看到的人会把你的信息截图或者复制转发给谁。网上不乏这样的案例，某个已婚人士在婚恋网站猎艳，结果被配偶的好友发现，并将此告诉了配偶，导致夫妻闹离婚。这种做贼心虚的人在婚恋平台肯定是战战兢兢，以防被人发现。

10.1.3 诈骗

诈骗的方式有多种多样，新闻媒体报道了不少受害者所遇到的诈骗套路。根据实施者身份可以分为三类：

一是机器人。2018 年 10 月 25 日央视财经报道，警方抓获了运营“恋人网”等 APP 软件的诈骗团伙。在该 APP 上，跟用户聊天并诱导用户进行各项消费的并非人，而是服务器里面的机器人。它们根据指定的对话模板，自动与用户进行交流。这种诈骗行为往往多次诈骗金额不多，主要靠走量，如“恋人网”APP 的付费会员就有 75 万之多。

二是冒名顶替的骗子。这种骗子主要用他人的头像或者身份信息在婚恋平台注册，甚至同时用多个身份信息进行注册实施诈骗。这样的案例比比皆是。毕竟是真人交互，不像机器人那样容易识别。受害者轻则遇到酒托、微店、投资诈骗，被骗了小量资金购买其产品与服务；重则被连环诈骗，骗财骗色骗感情。

三是真实身份的骗子。这种案例也很多，由于以往各省的婚姻登记信息没有联网，已婚者到了外地也难查出其真实婚姻状态。或者有的是离婚的谎称未婚，进行诈骗。也有确实未婚的，通过交往诈骗彩礼。

诈骗肆虐使得用户之间彼此缺乏信任，用户在分享个人信息之时会有所顾虑。但是保护个人数据也有一些弊端。

一是疑似骗子。如果展示信息太多可能暴露隐私、招来骗子；如果展示信息太少，能保护隐私，但是别人以为你是骗子，或者机器人。

二是难辨真假。文本的交流最容易被欺骗，如果采用更直接的沟通方式，如语音聊天、见面，更容易分辨是否遇到骗子。但是更直接的沟通方式也就暴露了更多个人信息给对方，尤其见面还可能出现安全隐患。

10.1.4　骚扰或恐吓

这和传统的婚恋行为一样，并不是每个人都彬彬有礼，难免碰到一些变态的人。在平台披露信息太多，有可能受到某些人的骚扰。尤其是如果有过长期的联系，甚至有过线下见面的经历，如果觉得不合适想中断来往，面临纠葛是常事。

即便在婚恋平台提供有限的信息，有心人也能根据这些信息在别的社交网站获取更多的信息。例如在婚恋平台仅仅提供了邮箱或电话号码，别人能通过人人网、Facebook、领英等获取更多信息，从而多个渠道进行骚扰或者恐吓。因此，为了避免这种情况可能需要狡兔三窟，尽量用不同的邮箱或者电话号码注册。

10.1.5　对职业生涯的影响

参加电视相亲节目可能会对职业生涯产生深远影响，例如马诺，因为参加江苏卫视《非诚勿扰》，以一句“我宁愿坐在宝马里哭，也不愿在自行车后座上笑”走红网络，迅速成为炙手可热的平面模特，上综艺节目，代言了很多广告。这种情况同样会在婚恋平台上演。

国外很多公司招人时都会到 Facebook 上搜索一下应聘者，以便更全面地了解他们。不排除有的公司可能也会到婚恋平台搜索应聘者，或者别有用心的应聘者从婚恋平台搜索目标公司的在职者，从而提高成功概率。所幸这方面的顾虑无需太大，国内婚恋平台市场分散，平台数量太多，从这方面打主意并不容易。一些特定职业的人群则会有更多的顾虑。一些与公众打交道的工作，例如主持人、教师、公务员等，他们接触的人群广，工作之时一般不愿意被人认出来在某婚恋平台“招拍挂”。

10.2 平台审核的利益考量

借着电视相亲节目《非诚勿扰》的东风，婚恋平台也取得了飞速发展，新网站和 APP 如雨后春笋。与此同时，这些平台也成了诈骗案件高发之地。2017 年 9 月，民政部等三部门联合印发《关于进一步做好青年婚恋工作的指导意见》，要求婚恋网站须严格执行实名制，明确提出将严厉打击婚托、婚骗等违法婚介行为。然而，记者测试发现，不少婚恋网站的注册仍然很随意，只需一个手机号，其他数据随便填写，没有严格的审核[①]。有些网店专门出售婚恋网站实名制认证账号，30 元一套，加价还可以进行账号信息订制。不严格执行明文规定，或者阳奉阴违，这些平台有其利益考虑。

① http：//www. takefoto. cn/viewnews-1467018. html

10.2.1　影响平台的流量

流量是互联网平台的命根子，没有流量就没有价值和发展空间。如果对会员注册进行严格审核，将大大消减其流量。

一是会减少存量。以往政府没有实名制要求之时，有大量会员都是非实名制注册的。可能还有重复注册，或者是机器人的会员。一旦要求这些已注册会员进行实名制认证，可能有不少会员会选择退出，或者清除大量重复注册及机器人会员。这样将造成会员流失现象，对于公司的市场营销以及在金融市场融资都有不利影响。

二是短期内会限制增量。新会员注册增加了更多的审核环节，人们在注册之时考虑到便利性，往往哪个注册方便就注册哪个；或者出于保护自己的隐私，不愿意暴露太多个人信息，会放弃注册。此外，还有一些心怀不轨之人，或者机器人就无法完成注册。事实上，从长期来看，如果有严格的审核，诈骗案件就会大大减少，从而会吸引到更多用户。

10.2.2　审核成本高

提高婚介服务，需要审核的内容很多，例如身份信息需要调用全国公民身份证号码查询服务中心的“全国人口信息社会应用平台”数据，职业信息需要查询社保数据，其他的房产、车产、收入等更是审核复杂。对于婚恋平台，如果全面审核，其人力成本是难以想象的。即便是最简单的实名制的审核，调用身份证数据也是需要支付费用的；手持证件照的照片和人脸的比对工作，无论采用人工还是购买或者开发专门的软件，都成本不菲。对于没有资金实力的平台，对此会能省则省。例如主打诚信认证的红线网就提出采用身份证验证、手机号码验证、视频验证、其他证件验证等多种方式，还会通过人工电话对会员进行电话回访和咨询，进一步核实和了解诚信状况。很多婚恋平台都会设有实名认证通道，事实上没有实名认证也可以完成注册。手机 APP 则主要采用短信认证。由于支付宝是实名认证的，有些 APP 要求绑定支付宝，或者采用人脸认证方式。

10.3 哪些信息防不胜防

婚恋平台鼓励用户提交更为丰富的个人特征和兴趣信息，平台可以根据这些数据进行匹配和排序（Hitsch，Hortaçsu，Ariely，2010）。另一方面，选择不共享某些信息可能会对用户产生副作用，例如会员访问其他会员的个人资料而不留下该访问的可识别痕迹的能力，实际上会降低该会员在网站上查找匹配的概率（Bapna，Ramaprasad，Shmueli，Umyarov，2016）。数据共享或数据保护的后果和影响需要用户仔细权衡，例如分享何种特定类型的数据，如何以及何时分享等。但是有些信息却是防不胜防。

在婚恋平台，你可以尽量少披露信息，但是不能阻止别人搜索你的信息。University of Washington 的教师 Camille Cobb 对 97 名婚恋平台用户进行访谈发现：用户出于好奇心，会搜索其他用户，找到更多近期的照片，到确定他们是“真正的”人，看他们是否说实话，或者看他们有无犯罪记录。58 名受访者表示在决定是否向对方发送消息、回复消息还是约会时都会搜索对方的信息。44 名在约会后搜索附加信息。10 名受访者表示，如果对方吸引了他们的注意力，无论是否有交往兴趣，都会搜索其信息。调查参与者指出，通过姓名、位置、电话号码、职业或共同朋友等详细信息查找信息很容易。如果知道名字可以使用 Spokeo①，如果知道居住的地方和姓名，可以访问州记录比如财产税记录，看看他们是否拥有房屋。在调查中，有 5 人明确提到使用 LinkedIn 搜索人员，20 人提到 Facebook，19 人提到谷歌，并且有 12 位使用了照片搜索（Cobb，Kohno，2017）。其实你搜索别人信息的同时，别人也在搜索你的信息。

位置信息也十分敏感。由于 GPS 和其他传感器嵌入在现成的移动设备中，婚恋移动应用程序可以提供位置感知内容，不仅包括周围环境，还包括附近用户。如果开放该功能，位置就能被别人轻易找到，一方面便于约会，另一方面也存在安全风险。如果关闭该功能，容易让人质疑是否是机器人或者骗子。

更为困扰人的是手机屏幕截图。无论是个人资料，还是两人之间的聊天记录，只要轻松按键就能保存下来，并轻松地转发给他人。近两年爆发的各种舆情事件，都是一言不合就贴出屏幕截图，例如苏享茂事件。有些人热衷于屏幕截图，各种见闻都截图，然后与朋友分享截图。有时候是出于好玩，有时候是炫耀，有时候是征求朋友意见。如果截图一旦在社交媒体上发布，对于当事人可能就是隐

① Spokeo 是一款社会化网络聚合工具，可以把一些 BSP、社交网络、相片分享、视频分享等内容聚合到一起，以单独的 Blog 形式发布。在 Spokeo 进行免费的人物搜寻，可能查出某人居住的街道名称、电话，以及族裔、职业、教育、嗜好和关系等资料。付费的用户则可获得确切的住址，以及其他更详细的资料。Spokeo 目前只有英文版，而且主要收集了美国的社交网站数据。

私泄露，其扩散是不可控的。带着这样的顾虑，用户随时都紧绷着一根弦，担心自己的一言一行是否合适，如果被泄露是否会有负面影响。这样的情形是不利于婚恋平台上用户之间的互动的。当然，该功能如果关闭了，用户就没法让远方的朋友提供建议，而且一旦发生纠纷，取证就很困难。

10.4 提高用户隐私安全的建议

婚恋平台注册的用户越来越多，个人数据规模也越来越大，其安全和隐私保护标准也应随之提升。实践中，婚恋平台做的并不一定符合要求。Piraeus 大学的 Constantinos Patsakis 教授（2015）对 18 款约会类的手机 APP 进行了隐私安全测试，发现不少 APP 都存在问题（Patsakis，Zigomitros，Solanas，2015）。首先，恶意用户可以轻松获取大量有关用户详细的个人信息，应用程序的用户可能成为用户分析、勒索、跟踪、诽谤甚至身份盗窃的受害者。第二，易受简单的嗅探攻击，可以揭示非常敏感的个人信息，如性取向、偏好、电子邮件、用户之间的互动程度等。第三，GPS 坐标或 URL 中或数据包中的实际距离暴露用户的位置。所幸大多数检测到的漏洞都有非常简单的解决方案，不需要太多的修复工作。Constantinos Patsakis 教授在发布该检测报告之前主动联系了这 18 家 APP，可惜只有 5 家公司回复了。其中 1 家公司说知道这个问题了，但是，两年后教授再次检测发现还没有做任何修复；其中 1 家公司回应将停止运营；2 家公司的应用程序已被应用商店下架。由此可见，使用这些 APP 存在较大的隐私风险，运营者却没有给予应有的重视。作为服务提供商，婚恋平台应该根据用户的价值观和需求不断进行隐私政策的优化和提高。

首先，更多地采用默认保护的选项设置。有些人可能对于隐私政策看不懂也不愿意看，对于数据泄露的风险也缺乏足够的认识。因此，用户在提交和修改个人资料时，应该让更多的数据默认为不分享，只有用户主动修改才能分享。这样能更大程度地保护用户的隐私。

第二，控制屏幕截图功能的使用。屏幕截图后，婚恋平台无法控制其在外面的分享和传播。因此，对于一些敏感的信息，应禁止屏幕截图功能。建议开发一些替代的功能，例如文本只可逐条转发，或者有转发总量的限制；图片限制其清晰度，或者限制其转发数量。既能让用户分享一些不敏感信息，又能保护一些敏感信息。

第三，对于位置信息，可以默认不分享，用户需要分享时主动开启。此外，在展示位置信息时适当降低位置精确度，避免被其他用户精准定位。如果同处一室的同事或者有工作关系的人突然通过位置信息发现彼此都在用某婚恋APP，彼此也难免尴尬。同时，也有利于保护用户的人身安全。

第3篇　个人数据治理

前文已经详细介绍了个人数据保护或者分享所带来的外部性既具有复杂性，又具有不确定性。因此，无论是个人、收集者还是监管者，都面临复杂的权衡。

对于数据主体和收集者，两者既是相互对立，又是相互依存的。对立体现在数据主体分享数据所获得的收益往往是收集者获得数据的成本，而数据收集者想获得的数据可能是数据主体想要保护的隐私。依存体现在披露个人信息可以为两者都带来经济利益：数据主体能获得个性化服务或者有针对性的优惠和促销信息等，而数据收集者能进行商业方面的创新从而获取更高的利润。与此同时，一旦数据泄露发生对于两者来说则是共输：数据主体可能遭受身份盗窃或价格歧视，或者羞辱或心理不适等精神损失（Stone，Stone，1990）；数据收集者则可能需要进行赔偿或者缴纳罚款（Feri，Giannetti，Jentzsch，2016）。

这些微妙的权衡存在很多维度，在此不一一列举。作为监管者，需要考虑尽可能促成共赢的局面而避免共输的局面。如果采用保护导向的监管，将对个人数据建立严格的默认保护并限制其使用。如果采用分享导向的监管，一方面通过企业间的良性竞争驱动行业自律，另一方面依赖于消费者的理性选择，例如避免与不负责任的公司打交道或采用隐私增强技术。如果采用折中的方案，立法举措可能需要建立一个个人数据保护的框架，同时赋予数据主体和潜在数据持有者之间交易数据的合法性。数据主体与收集者之间有良性的互动，将有利于产业创新和经济发展。因此，监管的导向应该在分享与保护之间进行恰当的权衡。

我们在本文的前几部分中的理论研究和实证研究都表明，实现隐私保护与披露收益之间的平衡很复杂。政府治理面临着多重权衡。本书并不能给出完美的解决方案，只能给出一些建设性的意见，以更好地平衡二者的关系。

11 个人的权衡

个人数据的分享给人们带来各种优惠和便利的同时，可能会使个人面临各种昂贵的代价，包括价格歧视、基因歧视、垃圾邮件、骚扰电话和银行卡盗刷等风险，以及感觉埋下了一颗不定时炸弹，不知道将来谁会如何使用它。

11.1 个人分享数据的得失

面对无处不在的数据收集，个人该分享还是该保护自己的数据？什么情况下可以分享数据？Susan B Barnes（2006）通过对 Facebook 学生用户使用情况调查发现，他们在隐私态度方面表达了高度关切，但是使用行为却似乎毫不在意隐私保护。这种矛盾的现象被她称之为“隐私悖论”。之所以出现这种情况，主要是由于人们在分享数据时并没有进行仔细的权衡，很多时候只在乎一时的用户体验就拱手提交各种数据。考察一下数据主体与收集者之间交易进行的情况，数据主体要考虑 3 个因素：

11.1.1 分享数据的收益

上文提及了提供个人数据可能获得的优惠或折扣、现金、个性化服务、服务准入等，这些都是分享数据所获得的收益。大多数情况下，人们低估了个人数据价值，以至于对于分享数据收益预期很低，随便一点点优惠或者折扣，人们就将数据拱手相送。

由于《刑法》规定：违反国家有关规定，向他人出售或者提供公民个人信息，情节严重的，处三年以下有期徒刑或者拘役，并处或者单处罚金；情节特别严重的，处三年以上七年以下有期徒刑，并处罚金。这也就使得公开出售个人数据的平台或者 APP 在我国是违法的，人们没有条件出售其个人数据。这也使得人们不便于向收集者要价或者讨价还价，只能被动接受收集者的各种条款以低价分享其数据。

对于一些特殊的行业或者应用场景，分享个人数据的收益会难以测算。例如就业市场，求职者如果不如实提供信息，极有可能找不到合适的工作。捏造信息后获得的工作机会，有可能会难以胜任，无论对于本人还是雇主都会产生负面影响。而婚恋方面隐瞒信息或者提供虚假信息，可能难以找到如意的对象，甚至酿成婚姻或者家庭悲剧。2017 年 9 月爆出的一条新闻，WePhone 创始人苏享茂自杀。3 月底苏享茂在某知名的婚恋网站与一女子结识，6 月办理结婚，不到 1 个月就办理离婚，没多久就因陷入离婚纠葛而自杀。根据媒体报道双方的各种矛盾冲突中，就牵涉到女方隐瞒婚史。这一信息也是双方产生矛盾以及女方受到舆论谴责的重要原因之一。如果在婚恋网站上女方没有隐瞒这一信息，或许就不会有以后的事情发生。

11.1.2　保护数据的成本

这个因素容易被人忽视。面对无所不在的数据收集者，一个人要保护其数据其实有较高的成本。不同的数据收集方式，需要不同的应对策略。对于在线的数据收集，主要有以下成本：

一是放弃或者减少使用服务。不愿意被手机 APP 收集数据，就卸载或者不安装该 APP。这样会给生活带来很多不便，例如不安装手机银行 APP 就得到银行柜台或者 ATM 机去办理相关业务。不注册某些网站，就不能使用网站提供的各种服务以及各种优惠和折扣。除了放弃使用，也可以减少使用，同类型的 APP 只安装一个，尽量减少接触数据收集者。

二是使用化名或者“马甲”。很多商家注册不要求实名制，或者实名制不是很严格。这样就能虚构一个身份进行注册，或者使用家庭中某个信息不敏感的人的身份进行注册。这样可能会带来一些不便，但也能规避很多风险。

三是购买专门的防护软件。电脑端能购买甚至免费使用一些拦截广告的浏览器，或者直接在浏览器中关闭 cookies。手机端也有很多隐私保护的 APP 可供使用。

在离线的场合，虽然数据收集相对较少，要防范也相对不易。例如不想被摄像头拍到，就得带帽子、口罩，甚至不去有摄像头的公共场所。这也反映了为什么大家在机场、街上碰到娱乐明星，他们都会戴大帽子、大墨镜、大口罩，以防被认出。

以上所说的大多是现实的成本，保护个人数据时还有机会成本。过度的保护可能失去了个性化的服务，失去了各种优惠券或者促销信息，特殊情况下甚至可能失去了维权或者保障安全的证据。如果数据保护成本过高，个人也只好做个顺水人情，拱手相送其数据。

11.1.3 分享后数据泄露的风险

伴随着互联网的迅速发展，大规模的个人数据泄露发生频率也不断升高。下图是 2011 年至今的数据泄露的百度指数。除了 2011 年底出现一个峰值，基本上保持逐年增长的趋势。该峰值主要由于一次重大的隐私泄露事件：2011 年 12 月，CSDN 网站的安全系统遭到黑客攻击，600 万用户的登录名、密码及邮箱遭到泄漏。目前个人数据泄露主要原因有：内部人倒卖数据、黑客入侵盗取数据、工作人员误操作泄露数据。一些公司由于数据管理不规范，内部员工获得了大量个人数据后私下倒卖获利。目前没有详细的统计数据，根据网上的报道，这应该是数据泄露的第一大原因。《中华人民共和国刑法修正案（九）》以及《中华人民共和国网络安全法》的实施对这类行为起到了很大的抑制作用。

个人数据泄露对于数据主体可能带来各种各样的损失。首先，可能造成经济损失。大多数网络攻击都是以窃取钱财为目的。攻击者会盗刷信用卡、账户积分、对亲友进行诈骗，甚至直接敲诈数据主体。据美国司法局估计，到 2012 年，1 660 万美国 16 岁及以上的居民（或该年龄组人口的约 7%）至少成为一起身份盗窃事件的受害者。到 2014 年，美国受害者人数估计为 17.6%。据进一步估计，

2002—2007 年录得的 75% 的违规事件是由黑客或外部来源造成的，超过 77% 涉及窃取社会安全号码（Romanosky，Telang，Acquisti，2011）。

第二，可能造成精神损失。每个人都会有一些不愿意他人知道的秘密。一旦泄露可能影响个人形象或者人际关系，从而带来很大的精神创伤。例如 2018 年中国某酒店集团客人开房记录被泄露，由此导致了多起夫妻离婚的事件。这对于当事人往往是经济和精神的双重损失。

第三，可能危及安全。如果行踪和行为习惯被某些不法分子掌握，有可能出现假冒身份从事犯罪活动，甚至直接对主体进行威胁恐吓或者绑架的行为。

图 8　数据泄露的百度搜索指数

风险值等于损失概率乘以损失程度。因此，除了考虑到损失，也要考虑数据泄露事件发生的概率。因此，对于数据泄露频繁的行业，即便可能的损失不大，提供数据也得十分谨慎。国际律师事务所 Bryan Cave 发现，2016 年就有 76 起与数据泄露有关的集体诉讼，34%的诉讼来自医疗行业。近年来酒店行业也频繁发生数据泄露事件。这些应该是数据主体重点关注的行业。

总之，主体保护与分享个人数据的权衡因人而异、因数据而异、因环境而异。个人数据是个人信息的载体，个人信息有的是隐私，而有的不是隐私，因此只有部分个人数据是隐私。不同的数据片段，人们对于隐私安全的要求是不一样的。相同的数据片段，不同的数据主体也会提出不同的隐私安全要求。因此，人们在针对具体数据片段进行决策时，需要评估该片段对于本人隐私安全的重要性，如果十分重要则应严密保护。每次面对数据收集时，一定要从以上 3 方面进行仔细斟酌。千万别因为蝇头小利就出让了个人信息，可能给自己带来各种隐患和困扰。

11.2 并不存在的隐私悖论

尽管隐私问题随着环境以及个人不同年龄阶段而不断变化，目前人们对于其关心程度却与日俱增。本人在 2013 年的问卷调查中发现，对于网购和社交软件，64.0%的使用者对其心存疑虑。访谈发现，100%的受访者经常收到垃圾短信和邮件骚扰，87%的受访者经常受到电话骚扰（王忠，赵惠，2014）。皮尤研究中心 2015 年的一份报告发现，绝大多数美国成年人（93%）认为拥有个人数据控制权很重要，但只有9%的人认为他们对于其个人数据收集和使用有很大的控制权（Madden，Rainie，2015）。在人们声称需要隐私的同时，他们中的大部分人却又热衷于对外分享其个人数据，尤其是通过社交媒体发布。整体来说，隐私增强技术的采用大大落后于分享技术的采用。

隐私态度和实际隐私行为之间明显的分歧引起了学者们的关注（Berendt，Günther，Spiekermann，2005），引发了关于所谓的隐私悖论的相关研究。有学者还研究了人们对于隐私的关切程度，以及验证人们在分享信息之时是否有意识和行动来保护其个人数据（Norberg，Horne，Horne，2007）。

这其实不奇怪。隐私态度往往表达了人们对隐私重要性的判断，而数据分享属于一种经济行为，取决于人们对于个人数据的估值。也就是说，人们经常地进行隐私关注和隐私利益的权衡或者说算计（Dinev，Hart，2006）。试想一下，如果问你空气是否重要，答案肯定是极其重要。再问你是否愿意分享，当然愿意分享，因为空气是自由物品或者说是免费物品。一旦空气变得稀缺，其价格上涨，分享就不那么容易了。

隐私经济是公共和私人之间的谈判过程，是数据主体在想要保护的内容和愿意公开的内容之间的度的调节。这个“度”是随情境而变化的。因此，一般情况下，隐私的范围是有弹性的，总是在完全暴露和完全隐藏之间来回游走。人们会根据具体的环境来决定该边界，如果收益大于成本，则选择共享，反之则选择保护。因此，基于经济学视角，隐私悖论并不存在，关键在于数据主体对其数据稀缺性的认识或者说估值。

当然也还有别的因素可能促使人们分享其个人数据。例如有人可能对于隐私风险缺乏足够的认识，认为数据提供给收集者很安全。有人也可能过于信任数据收集者，认为保密和法律责任会给他们的数据提供充足的保护。有人可能没有意识到其隐私问题的可能替代解决方案，例如使用隐私增强技术。也可能存在信息不对称，用户并不知道他们的个人信息在网上被收集和识别的程度。

11.3 越来越贵的个人数据

尽管个人数据资源越来越多，其稀缺性仍然与日俱增。很多行业部门都在进行数据资源的争夺战。消费者也越来越意识到数据的价值，他们不太愿意免费向公司提供个人的敏感数据。在过去几年中，消费者在与任何人分享数据时变得更加谨慎。根据著名的隐私服务公司 TRUSTe 的调查，美国成年人选择退出在线行为广告的比例从 27%增加到 50%[①]。有一种趋势是，消费者希望更多地控制其数据的访问权限和使用情况。以往，个人数据几乎是免费商品。随着市场需求的不断增加，个人数据逐渐成为了经济物品。

首先，人们不再愿意免费提供个人数据。正如前文所述，如果没有新用户优惠或者不能提供优质的服务，没有人会给商家提供其个人数据。

① https：//cbscreening. co. uk/news/post/your-personal-data-and-how-companies-use-it/

第二，人们愿意为了保护个人数据而付费。Tsai 等做了一个有意思的实验。实验选择了一个价格约为 15 美元的商品，如果消费者愿意提供其个人数据，则可以享受 0.5 美元的优惠。实验发现，为了保护个人数据，绝大部分消费者愿意多支付 0.5 美元（Tsai，Egelman，Cranor，Acquisti，2011）。Savage 和 Waldman 通过手机 APP 的选择实验发现，消费者愿意支付 2.28 美元来隐藏他们的浏览器历史记录，支付 4.05 美元来隐藏他们的联系人列表，支付 1.19 美元来隐藏他们的位置，支付 1.75 美元来隐藏他们的电话号码，3.58 美元来隐藏他们的短信内容，支付 2.12 美元来消除广告（Savage，Waldman，2015）。

第三，敏感数据的获取越来越难。为了研究个人隐私顾虑的动态演变，Goldfarb 和 Tucker 分析了某市场营销研究公司 2001—2008 年收到的 300 多万份调查问卷的数据，研究人们是否愿意披露个人收入的信息。收入往往被视作敏感信息，具有很好的代表性。数据显示，拒绝透露收入信息的人数随着时间的推移而逐年增加（Goldfarb，Tucker，2012b）。

因此，随着商家对于个人数据的需求增加，以及人们对个人数据价值认识越来越深，其价格将越来越贵。

11.4　个人数据主体能否套现

有不少人认为，个人数据给别的公司白用也是用，还不如自己出售套现。事实上，国外有不少公司就从事这方面的业务。

一种商业模式是通过 APP 出售个人数据。Wibson 是一家用"Wibson 积分"换购个人数据的公司。该积分可以换取 Spotify 的会员账户、Visa 礼品卡和优步（Uber）积分等奖励。公司根据数据类型进行定价，例如允许访问位置数据加 15 分，关联 Facebook 账号加 20 分、关联领英账号加 20 分、关联谷歌账户加 25 分。根据该公司的说法，所有这些数据将卖给他们的合作伙伴，用于市场营销、市场调查或创新等活动。

另外一种商业模式是购买个人数据后加工出售。大数据创业公司 Datacoup 正在运行测试版，其商业模式为每月支付用户 8 美元，以换取用户社交媒体和信用卡账单数据，并将其加工处理后出售给广告公司。

这些商业模式在我国是不受法律保护的。刑法有规定，出售个人数据属于违法行为。不少人可能觉得这个市场前景很好，事实上，在有些国家即便不违法，其发展也不如预期的顺利。

这仍然与个人数据的特性有关。首先，难以估值。当数据主体将数据挂牌出售时，不像别的标准化的商品能进行估值。即便之前有成交价可供参考，买卖双方也很难达成一致，毕竟不同主体隐私的边界不同，而不同买方需求不同。其次，难以杜绝转卖。在缺乏强制保护交易数据的监管框架的情况下，主体或者交易平台很难保证买方不再将数据转卖或者分享给第四方。此外，数据类型有限。个人数据是在收集者的平台产生的，某些数据不经收集者，主体也能下载下来，例如网购数据。大部分数据没有收集者的协助，用户难以下载，或者下载的成本很高。这点欧盟倒是不成为题，因为

GDPR 赋予了数据主体可携带权。

在这些因素中，最关键的是如何杜绝转卖。至于价格方面，在多次交易中有可能形成普遍接受的价格。因此，除非能很好地解决转卖问题，数据主体将数据套现难以具有可持续性。

11.5　警惕隐私控制悖论

Crosler 研究发现，数据主体都希望对自己的个人数据进行隐私控制（Crossler，2011）。正是这种需求，收集者可能投其所好，发出某种信号使得消费者以为能有更大的控制力，使得消费者反而提供了更多的个人数据（Tucker，2014）。这就是所谓的隐私控制悖论（Acquisti，Brandimarte，Loewenstein，2015）。

控制感主要体现在人们对于个人数据披露与否的决定权。例如，朋友圈对谁可见、访问是否需要密码、陌生人是否能搜索到自己、照片对谁可见得到。对控制的渴望使人们如此热衷于相信控制的承诺，以至于他们最终可能会牺牲他们希望得到的东西：控制（Nafus，Sherman，2014）。

有一些研究者提出建立个人数据的托管机构（Kamleitner，Mitchell，2018），或者个人数据银行，保护个人数据的所有权、知情权、隐私权和使用权，以个人为中心组织所有数据，并提供数据核实、汇总、管理、交易和分红等功能，有效保证所有数据访问授权和所有数据有序循环（Guo，Qiang，Duan，et al.，2017）。这种方案看起来似乎很安全，就像人们将资金存入银行一样。这种模式的可行性首先也可能陷入隐私控制悖论，看似安全，其实所有隐私集中给托管机构控制，其风险更大。第二，绝大部分个人数据不能离开收集者单独生产，数据的存入本身就存在各种利益和权属纠葛。第三，个人数据不是资金，一旦存入就难以彻底取出，因为托管机构是否备份无从得知。

当人们感觉自己能控制时，人们会尽可能多地向数据收集者提供数据。然后，数据收集者可能利用这些数据来影响个人（Haddadi，Brown，2014）。因此，如果有收集者声称能帮助消费者控制特定个人数据时，消费者应冷静思考。有可能真能提供隐私控制，也有可能只是提供安全的幻觉，反而使得消费者的隐私防护更加脆弱（Braghin，Cremonini，2017）。

11.6 做机警的消费者

分享数据与否不是一个容易做的决定，有时候甚至没有选择权。但是这并非意味着消费者完全处于被动地位。消费者也还有一些做法，能够使得自己尽可能地获益，或者减少损失。网上也能搜索到很多经验及做法，以下简要介绍一些关键举措。

11.6.1 谨慎对待商家推荐产品的排序

在电商平台搜索目标商品时，平台会给出一个默认的排序，然后还有一些选项，如按价格排序、按信用排序、按评价排序、按销量排序等。有的消费者可能会多次点击，以寻找更合适的商品。但是更多的消费者可能就按照默认的排序进行商品筛选。

当消费者搜索商品时，相当于将自己的需求信息告诉了平台，平台就可以根据这一需求匹配展示相关的商品。根据 Levin 和 Milgrom（2010）以及 Bergemann 和 Bonatti（2015）的观点，重点推荐的商品往往需要向中介平台支付信息租金，因此可能会导致更高的价格。

11.6.2　更换身份进行商品搜索

Board 和 Lu（2015）研究了平台对于不同搜索者的信息披露策略。研究发现，平台披露的商品介绍、用户评价等信息会随着平台获得的消费者信息的数量而变化。当消费者是匿名的，卖家无法追踪他们时，平台会将他们的所有产品信息全部公开。然而，当卖家能够观察买家（例如，通过跟踪他们的在线行为）并且可以推断他们的偏好时，平台会采取垄断披露政策，操纵消费者购买最有利可图的产品，而不是最适合他们需求的产品。

对于这种被围猎的情况并非没有对策，有些策略值得尝试。一是换一个平台进行查询。不同的平台掌握了不同的数据量，对于用户的了解程度不一致，在商品推荐时也会有所不同。二是换一个账号。可以用家人或者朋友的账号进行商品搜索，或许会发现给出的商品推荐有所变化。三是换一个 IP 地址。对于不需要账号登录的平台，平台主要提供 IP 地址进行用户画像。换一个 IP 地址，或许会有不同的产品推荐或者报价。

11.6.3 慎用浏览器自动登录功能

浏览器都有记住用户名、密码的功能，并帮助用户实现快速的自动登录。不少人为了省去登录步骤，所有网站都使用了自动登录功能。这样确实减少了繁琐的登录工作，同时也埋下了隐私风险的种子。大部分的网站，人们无需登录也可以实现访问目的，对于这些网站，建议不使用自动登录功能，甚至无需让浏览器记住密码。例如，搜索引擎，不登录搜索引擎的账号照样可以享受服务；电商平台，搜索商品时完全无需登录，到了正式购买之时登录即可，以免成为价格歧视的受损者。

11.6.4 使用手机的注意事项

随着移动互联的迅速发展，手机被人们使用得越来越多，承载的功能也越来越多，隐私信息的含量也越来越高。手机中保存的聊天记录、照片、视频等信息，或多或少会有敏感性。

首先，从可靠的应用商店下载 APP。我国对于 APP 有相关的监管机制。“国家对经营性互联网信息服务实行许可制度；对非经营性互联网信息服务实行备案制度。未取得许可或者未履行备案手续的，不得从事互联网信息服务”。工业和信息化部每季度都会通报软件市场中违规的 APP，包括恶意捆绑或多度搜集信息等。此外，公安、网信办、通信管理局、国家计算机病毒应急处理中心也都会有监管。

但是应用市场多如牛毛，应用市场中的 APP 更是不计其数，全面覆盖并不容易。现行的监管机制主要是落实平台责任，APP 应用市场作为运营平台首先自查自纠。因此，正规平台发布的APP都有一定的保障。但是监管只能是预防和减少犯罪，不可能杜绝犯罪。有可能监管有疏漏让有些违规APP得以上架，也有些APP会绕过平台，诱使人们直接扫码下载安装。应用商店对于手机APP有筛选功能，能上架的APP需要经过各种审核。越是知名的应用商店，其审核机制越严格。苹果系统的应用商店管理比较严格，Android系统则应使用正规应用商店发布的APP。

第二，一定要查看应用权限。商店下载应用程序并安装时，千万别跳过查看应用权限这一步。涉及用户隐私的权限如短信权限、联系人权限、地理位置权限、拍照权限以及录音权限，在安装应用时应当注意。如果应用过度获取权限，就不要安装以免隐私泄露。

如果没有显示应用权限，这样的APP果断放弃安装。如果有些特殊APP不能从正规应用商店找到，例如单位或者所在社区开发的内部使用的APP，也要将应用程序下载至手机，使用手机的文件管理器打开并安装，这样用户会查看到应用程序所需权限的列表。如果没有出现此列表，则需慎重考虑，必要时用备用手机安装。

第三，慎用第三方软件。应用商店有很多第三方软件，协助管理通讯录、短信、照片等信息，而且很多都是免费的。这些软件都可以直接访问用户的隐私信息，如果并非必须，应尽量减少安装。对于安装的各种APP，应经常检查后台进程，将APP设置成不允许自动启动以及不允许后台进程，防止APP在待机时自动上传用户数据。

12 监管者的权衡

对于隐私问题的研究由来已久。早在19世纪末就有学者关注隐私问题（Warren, Brandeis, 1890），乔治·斯蒂格勒（Stigler, 1961, 1962）和理查德·波斯纳（Posner, 1978）在20世纪70年代至80年代开创性地从经济学的视角分析隐私问题。随着信息技术的突飞猛进，尤其是大数据时代的到来，隐私经济日益成为社会各界关注的热点，很多国家或地区也针对其开展了制度建设。

12.1 监管者的两难抉择

正如前文所述，个人数据分享或保护都具有复杂的外部性。这就给监管者提出了难题，监管是以分享为导向还是以保护为导向？对于负外部性监管很有必要，而对于正外部性监管画蛇添足。其中涉及的复杂关系难以辨别和应对。

12.1.1 保护为导向的弊端

(1) 降低市场的效率

美国著名法官波斯纳教授认为，保护隐私会在市场上造成低效率，因为它隐藏了来自其他经济主体的潜在相关信息（R. Posner，1981）。例如，如果求职者为了保护他的个人隐私错误地向雇用公司陈述其背景和专业知识，会对公司的招聘决策产生负面影响。因此，保护前者的隐私是以后者的利润为代价的。如果监管以保护个人数据为导向，从市场中移除个人的个人信息，最终该人可能具有的负面特征的成本将转移到其他市场参与者身上（Posner，1993）。

（2）保护了不当利益

美国著名的经济学家斯蒂格勒认为，个人有兴趣公开披露有利的个人信息而隐藏一些负面的信息，所以保护个人数据往往变成了保护个人的负面消息（Stigler，1980）。例如有的人可能是欠债不还的老赖，如果予以保护则没有人会注重自己的信用，这会给整个社会带来负面影响。因此，阻碍个人信息流动的监管干预将是重新分配和低效的。经济资源和生产要素最终会被低效使用或得到不公平地回报，因为关于其质量的信息已从市场中移除。

（3）使中介获利

在各种交易中，双方都会尽可能多地获取对方的信息。如果个人数据保护力度较大，Hirshleifer 认为，理性经济主体可能会进行更多的投入来收集对方的个人信息（Hirshleifer，1971，1980）。最终的结果对于交易双方都不是最优的结果，数据收集者增加了数据收集的成本，数据主体损失了一些服务或者优惠，而掌握相关数据的中介从中获利。

（4）相关的产业创新受限

如果对于个人数据保护过度，将使得企业不能或者不愿意收集数据资源，从而使得企业缺乏数据资源或者数据资源获取成本过高。这样显然会增加企业创新的难度或者成本，从而抑制产业创新能力。

(5) 制约了产业竞争

严格的隐私保护意味着较高的隐私合规成本。对于新创企业来说，过高的合规成本可能成为一种进入壁垒。而且消费者也更倾向于相信大公司、大平台，在数据授权之时更多地选择大公司，使得初创公司难以获取数据，或者数据获取成本增加（Campbell，2015）。而且隐私保护也会存在规模效益，数据量越大，平均每条数据的保护成本会降低，这是导致数据垄断的因素之一，也是数据密集型企业并购活动频繁的驱动力之一。企业的并购能实现数据资源的集成与共享，从而更大地挖掘数据红利。而这些企业的并购有可能产生实质性的反竞争效应（Kim，2018）。

12.1.2　分享为导向的弊端

(1) 分享未必增进社会福利

在某些情况下，禁止某些个人数据的披露能导致帕累托改进，即既能使个人收益，也能使社会受益。例如大多数国家都不公开犯罪记录，这样做是有其道理的。如果所有犯罪记录都公开，那些已经刑满释放者将无时不处在歧视之中，在社会上将无立锥之地，等于完全断绝了他们的改过途径，他们可能会破罐子破摔，更加恶劣地报复社会。还有很多类似的例子，如现在张榜公布学生考试成绩是违规的，这在 20 年以前可是各个学校的标准做法。成绩成为学生个人隐私以后，对于整体的福利是有利的。不仅基础教育如此，Gottlieb 和 Smetters 指出，美国 15 个顶级的 MBA 项目中有 9 个不会向招聘的公司透露学生成绩（Gottlieb，Smetters，2011）。他们还通过博弈论的推演表明，不公布成绩会提高学生们整体的薪酬水平。

（2）分享可能使个人做出不明智的行为

Daughety 和 Reinganum 指出，如果某些个人信息得不到有效保护，为了维护声誉，数据主体可能会调整其行为，做出不利的决策（Daughety，Reinganum，2009）。例如某些人得了性病，如果医院不能有效保障其隐私，患者可能就会拒绝去医院看病，可能导致病情恶化而死于非命。

（3）开放可能动摇社会信用

如果对于个人数据不加以保护，个人可能会对数据收集者失去信心，从而动摇社会信用体系。没有信任，数据主体要么拒绝提供信息，要么提供虚假信息，这从长远来说反而限制了个人数据资源的开发利用。

12.2　公共利益与隐私的冲突

和产业界一样，政府也需要收集、处理和使用个人数据。因为有公信力做背书，较之于企业收集数据，人们一般会更加信任政府。笔者曾在 2013 年做过隐私信任的问卷调查，发现人们对于公共部门或者公用事业的数据收集普遍缺乏信任（Wang，Yu，2015）。例如徐玉玉案就是教育部门的数据被盗；还有医疗卫生行业，有孕婴家庭会收到各种推销电话；有小孩的家庭，教育产品的推销也很精准。有些可能是被黑客入侵获得，有些可能是内部人倒卖。这些数据一旦泄露出去，买方能使用多年，从推销孕妇写真，一直到孩子上兴趣班。随着制度建设的不断完善，对于公共部门的隐私信任水平应该有所提高。但是其中涉及的一些关键问题也不容忽视。

2013 年 6 月美国前中央情报局雇员、国家安全局防务承包商博斯公司雇员斯诺登揭露包括“棱镜”项目在内的政府多个秘密情报监视项目，引起了轩然大波。这个事件也引起了美国国民对政府过度收集个人数据的抗议和指责。美国政府 2013 年 12 月智能和通信技术审查小组的报告指出，“过度监督和无理保密可能威胁公民自由、公众信任和民主自治的核心过程”，但是“美国必须继续在全球范围内收集信号情报，以确保我们公民的安全”。报告指出，“美国政府必须同时保护两种不同形式的安全：国家安全和个人隐私”。

除了民众的抗议，政府获取个人数据也会遇到企业的抵制。2016 年美国警方获得了一位实施恐怖袭击的枪手的苹果手机，要求苹果公司协助解锁该手机。苹果公司以保护用户隐私为由拒绝了警方的要求。后来纠纷提交到了法院，美国加州联邦法官裁定，要求苹果公司协助联邦调查局解锁犯罪嫌疑人的苹果手机。然而，苹果公司拒绝执行。后来警方只好联系第三方解锁了该手机。

各国法律都允许，政府履行职能所必需的情况下，可以强制个人提供相关的数据信息。美国政府的监视项目没有给予数据主体知情权，更没有获得其同意，偷偷收集了公民的通话记录等数据。这也是遭到公民谴责的主要原因。我国尚无专门的法律规定政府机关对个人数据的收集问题，在一些部门法中有一些零散的规定。以往数据采集难、数据存储成本高、数据分析能力弱，即便不设限制，政府也无力进行大规模的数据采集和分析。随着数据采集的不断便利，存储成本的日益下降以及分析技术的迅速提升，需要出台相关的规章制度，以限制政府的数据采集行为。

欧盟法院于2015年裁定安全港协议无效也是对斯诺登事件的一个回应。欧盟政府和公民使用了大量美国公司提供的产品和服务。用户数据通过该协议传输至美国企业，美国政府也能获取这些数据。如何制定平衡隐私保护、信息共享、商业利益和国家安全利益的策略，可能仍然是未来几年棘手而又至关重要的研究课题。

12.3 政府数据开放与隐私保护

江西省景德镇市政府信息公开网（xxgk. jdz. gov. cn）曾于2017年10月31日发布了《第二批大学生一次性创业补贴公示》（信息索取号：H00140-0403-2017-0077），公示单位为景德镇市劳动就业服务管理局，责任部门为景德镇市人力资源和社会保障局。其中，可供公众下载的文件公布了学生姓名、完整的身份证号以及联系电话等。这些信息明显泄露了个人隐私，很多人对此行为表示质疑。景德镇市劳动就业管理服务局表示，姓名、学号、就业创业号是按要求公示的，公示身份证号是为了避免重名引起麻烦。随后，澎湃新闻相继披露了安徽铜陵市政府信息公开网、合肥市政府信息公开网等官方网站存在泄露个人信息的情况。舆情事件发生后，2017 年 11 月 9 日，安徽省政府办公厅发布了《安徽省人民政府办公厅关于迅速开展涉及个人隐私政府信息排查工作的通知》，要求全省各地、各部门网站政府信息公开平台（网）迅速开展涉及个人隐私的政府信息排查工作①。这也反映了我国政府部门在隐私保护方面在不断进步。

12.3.1　政府数据开放的国内外动态

开放政府数据是一股席卷全球的发展潮流，世界上绝大多数国家都在积极参与，无论穷富（张涵，王忠，2015）。发达国家的代表是美国。2019 年美国政府发布了《开放政府数据法》，指出政府数据应该免费提供，默认情况下每个人都可以访问。开放数据对企业、记者、学者、民间社会团体甚至其他政府机构都具有巨大价值。使用联邦政府在线开放格式免费提供的大量数据，各类社会组织可以开发创新产品和服务，做出重要的业务决策，开展研究，并确保对政府的问责和监督。

发展中国家也在积极推进。非洲第一个公共数据开放平台于 2011 年在肯尼亚启动。非洲突尼斯、摩洛哥、加纳等国都建立了公共数据开放项目。我国《促进大数据发展行动纲要》指出，到 2018 年底前建成国家政府数据统一开放平台，率先在信用、交通、医疗、卫生、就业、社保、地理、文化、教育、科技、资源、农业、环境、

① http：//finance. sina. com. cn/china/gncj/2017-11-13/doc-ifynrsrf4327002. shtml

安监、金融、质量、统计、气象、海洋、企业登记监管等重要领域实现公共数据资源合理适度向社会开放。总结我国在政府数据开放方面的进展，并没有完成预期目标。而且在数据开放的国际排名中，近年来排名整体呈下降趋势，接近100名。因此，预计未来几年我国政府会加速追赶，大力推动政府信息系统和公共数据互联开放共享。

12.3.2 隐私保护的措施建议

在政府数据开放运动如火如荼的背景下，如何平衡公共利益和个人隐私需求，这个问题同时困扰多个学科的研究者，需要合作开展研究，如统计学家和计算机科学家。在政府数据开放平台的建设过程中，政府不能忽视个人隐私的保护（迪莉娅，2016；张毅菁，2016）。

一是建立隐私审计机制。隐私审计的目的是评估政府数据开放过程中隐私保护状况是否违反法律法规的要求或普遍认可的操作规范，并审查政府自身隐私相关政策的遵守情况。范围涉及评估组织在整个典型信息生命周期阶段所采取的程序：如何创建或接收、分发、使用、维护和最终处置信息。随着信息和数据的不断增多，隐私审计应评估并汇报潜在信息滥用相关的风险状态，并建议可以限制组织责任或声誉风险的举措。可以设置专门的机构开展此项工作，并对政府部门采集、处理、使用个人数据进行全过程审查。

二是对相关工作人员开展隐私培训与教育。中国20年前还有70%的人生活在农村，直到9年前城市人口才达到一半。绝大部分中国人都还带有熟人社会留下的观念和习惯。世代相邻而居，东家长西家短都是日常谈资。君子坦荡荡的观念也深入人心，除了传统文化中羞谈之事，不少人对于隐私持无所谓态度。对于工作人员，应该有更高的认知要求和标准。可以组织专门的培训活动，更新员工的隐私观念，训练员工的隐私风险意识，以便减少工作中的失误。

三是建立隐私泄露救济机制。一旦发生了隐私泄露事件，首先应尽快删除或者整改相关数据，并限制旧版本数据的对外传播。然后，告知数据主体，使其保持警惕并采取预防措施，以减少损失。此后，建立数据泄露后果跟踪机制，定期地检查事件的后果，例如三个月、一年、三年，评估数据泄露的潜在风险，排除数据泄露潜伏风险。最后，一旦给数据主体造成了损失，应该进行赔偿，并对非法利用数据的行为进行调查。

12.4　监管模式国际比较

隐私权衡的目的就在于如何更好地保护隐私而又不损害信息共享的各种收益。对于这个艰难抉择，各国都在摸索适合自己的监管模式。总体而言，监管是趋严的发展势头。比较先发国家的情况，存在3种有代表性的治理模式，根据监管强度由严到宽，分别是欧盟、日本、美国模式。

12.4.1　欧盟不断严格的监管

欧盟不断完善监管机制，制定了多个行业数据使用的原则，明确了某些数据处理活动需要个人的同意，严格限制对于消费者的追踪或识别。2018 年 5 月 25 日正式生效的欧盟 GDPR 升级了个人数据的保护水平，例如要求公司征求消费者的明确同意以收集有关其过去购买和近期浏览行为的信息，公司必须将用户个人的 IP 地址或 cookie 数据等信息置于和其他用户机密数据相同的保护等级等。面对严苛的制度，有些企业选择了整改，投入了大量资源以求公司合规，如谷歌、Facebook 等；有的企业则暂时退出欧盟市场，如美国的一些新闻网站和游戏公司。

每个雇用和/或与欧盟公民开展业务的公司都必须考虑是否需要数据保护影响评估（Data Protection Impact Assessments ，DPIA）。隐私保护委员会还公布了处理业务黑名单和白名单。GDPR 要求企业数据处理如果出现了黑名单事项，企业必须进行 DPIA。如果出现白名单事项，则不需要 DPIA。黑名单事项主要包括：

① 收集了能唯一识别个人的生物数据，并被用于确定个人是被雇用还是被解雇，或者被录取还是被拒绝。无论该数据是来自于公共还是私密空间或者第三方渠道。

② 未获得数据主体许可所收集的数据，例如通过手机、录音设备或视频设备等电子设备。

③ 个人数据来自于第三方，但数据处理的目的没有获得数据主体的同意，或者获得同意但可能对主体的健康或财务产生负面影响。

④ 医疗植入物生成的数据。这些数据可能形成对数据主体权利和自由的侵犯，或者可能造成健康风险。

⑤ 个人数据影响社会中易受伤害的人群，例如儿童、精神病患

者、残疾人等。高度敏感的个人数据，如财务数据、基因数据、家庭私事等。

数据隐私合规正在成为企业开展国际业务的必需环节，希望在全球开展业务的公司必须遵守各国之间彼此不同的隐私法规。另一方面，GDPR 的国际影响力日益增强，其他国家正在努力将其隐私法与 GDPR 的要求保持一致。对于企业而言，为了简化隐私合规工作，就严格按照 GDPR 的标准来，这样在其他国家和地区基本都能符合要求[①]。

12.4.2　日本争取与欧盟合拍

日本早在 2003 年就颁布了《个人信息保护法》（个人情报保护法，APPI）。经过一次大幅修订后，其修正案于 2017 年 5 月正式生效。该法旨在保护个人的权益，同时确保对个人信息的使用给予法律依据。日本个人信息保护委员会是一个高度独立的组织，旨在确保个人数据的正确处理，同时考虑个人信息的有效保护。其职能如下：

一是关于特定个人信息的监视和监督。为行政组织和经营者等指定个人信息的管理员，为其提供必要的指导或建议，报告收集和现场检查，如果违反法律法规，可以提出建议和命令。

二是处理投诉和咨询事宜。通过设立投诉咨询窗口，一方面对涉及特定个人信息处理等的投诉进行必要的调解，另一方面解释和

① https：//blog. focal-point. com/beyond-the-gdpr-what-you-should-know-about-japans-act-on-the-protection-of-personal-information

说明有关《个人信息保护法》和相关制度的各类问题。

三是关于特定个人信息的保护评估。主要针对个人号码（相当于中国的居民身份证号码），评估各类组织和其他人使用时的风险，并确定评估内容和程序。

四是制定和推广保护个人信息的基本政策。根据“个人信息保护法”等制定了“个人信息保护基本方针”，并努力保护个人信息。

四是国际合作。除了参加有关个人信息保护的国际会议外，还与海外相关组织交流信息，并致力于建立合作关系。

五是宣传教育。利用关于保护和适当有效使用个人信息的小册子、网站、简报会等进行宣传和教育活动。

六是开展调查研究，发布研究报告，以显示委员会事务的处理情况。

APPI 修正案反映了数据隐私监管增加的全球趋势，特别是为了对接欧盟的 GDPR。日本政府和欧盟委员会达成了一项联合协议，声称将并肩工作，为其公民提供更高水平的数据隐私。

2018 年 7 月 17 日，在 GDPR 生效后不到两个月，日本和欧盟同意承认彼此的数据保护制度能为个人数据提供充分的保护。欧盟委员会在一份新闻稿中表示，此举将创造“世界上最大的安全数据流区域。”一旦最终确定，这些“互惠充分”决策将允许个人数据在日本和欧盟公司之间流动而不受额外的安全检查。从欧洲的角度来看，日本将被认为具有适当的数据保护保障措施，这意味着可能不再需要与日本签订具体的数据流动协议。这是欧盟和第三国首次就相应的数据保护水平达成一致意见。

2018年9月7日，日本个人信息保护委员会公布了处理从欧盟转移的个人数据的补充规则，等待欧盟的认可。当欧盟委员会正式通过时，该规则将生效，即日本已满足GDPR第45条“确保对个人数据提供足够的保护”的要求。该规则计划对目前的日本法规实施五项重大实质性变更，旨在加强日本的数据隐私法规，以便与GDPR保持一致，从而实现与欧盟之间个人数据的顺畅流通。

表3　欧盟与日本个人数据保护区别

	GDPR	APPI	区别
适用情形	所有的个人数据相关活动	仅限于商业目的的自动化的数据处理	日本范围更窄，不包括其他目的的数据处理，以及非自动化的数据处理
适用范围	无论境内境外，只要处理欧盟公民或居民数据	日本监管机构不会在日本以外拥有管辖权，但他们将有权与其他国家的监管机构共享信息，以执行该法案	日本的适用范围更小
重点保护数据	种族，民族，政治观点，基因数据，生物识别数据，性取向，健康数据	种族，宗教，社会地位，病史或犯罪记录	日本重点保护数据类型更少
传输给第三方	公司清楚，主动地通知数据主体涉及其数据的所有处理活动并得到其许可	获得日本个人信息保护委员会的批准。一旦获得批准，公司必须在转移之前对数据进行匿名化	日本的条件更为宽松，获得一方批准的成本远低于获得所有主体的许可

续表

	GDPR	APPI	区别
数据出境	个人数据只能转移到欧盟已经认定的能提供充分法律保护的，或者受到具有约束力的公司规则、具有约束力的协议、经批准的行为准则或经批准的认证的保护的第三国	个人资料不得转让给外国，除非：(i) 数据主体已经特别事先同意将数据主体的个人数据传输给外国实体；(ii) 收件人所在的国家/地区的法律系统被视为等同于日本数据保护机构指定的日本个人数据保护系统；要么 (iii) 接收方根据日本数据保护机构的规定，采取适当的保护个人数据的预防措施	日本的条件更为宽松，欧盟要经过复杂的审查或认定
责任主体	数据控制者和数据处理者	运营者	日本没有区分控制者和处理者，主要责任落实在控制者
处罚力度	轻者处以 1 000 欧元或者上一年度全球营收的 2%，两者取其高。重者处以 2 000 万欧元或者企业上一年度全球营业收入的 4%，两者取其高	滥用个人信息获取非法所得的人将面临至少一年的监禁和/或 50 万日元的罚款	日本处罚力度大大低于欧盟

虽然 GPDR 和 APPI 在某些领域有所不同，但欧盟和日本总体目标一致，即致力于更好地保护居民的数据。GDPR 和 APPI 都同意，个人数据只应转移到法律制度与其自身相同或者第三方采取适当预防措施的外国。如果满足这些条件，则该国家或地区列入白名单，欧盟和日本之间将会有合规的个人数据传输，而无需标准合同条款、

约束性公司规则或隐私认证等工具[①]。2018 年底，日本已将欧盟列入其白名单。在双方的共同努力下，2019 年 1 月 23 日，日欧签订了个人数据跨境传输充分性框架协议，实现了个人数据的双边自由传输。

12.4.3　美国以自律为主

相比之下，美国采取了更为宽松的监管，以鼓励行业自律的治理方式，通常选择提供指导原则而不是执行原则。例如联邦贸易委员会 2012 年向美国国会提出建议，引入了 no track 机制，类似于在 2003 年成为法律的“谢绝来电”清单。这种机制应用于网络浏览器上，人们在上网时可以选择 no track 向网站发出不希望被追踪的信号。还有一些网络广告商提供了消费者退出机制，例如 Google 的退出设置，消费者可以选择拒收某些类型的定向广告。然而，这些机制并不能完全阻止广告公司或网站收集数据。Acquisti 指出，行业自律的效果依赖于透明和控制机制的执行情况（Acquisti，Taylor，Wagman，2016）。然而，实际情况却不容乐观。

首先，透明机制存在局限。许多实证研究都表明了透明机制的不足之处。例如很多企业的隐私政策文件对于用户数据的具体用途往往会含糊其辞，或者并没有全部告知消费者（JensenM Potts，2004）。更为关键的是，消费者往往没有耐心去阅读隐私政策，或者限于知识水平不能很好地理解隐私政策（McDonald，Cranor，2008）。

---

① https：//iapp. org/news/a/gdpr-matchup-japans-act-on-the-protection-of-personal-information/

这样就使得透明原则的实施大打折扣，用户对于数据使用还是一知半解，甚至一无所知。

第二，控制机制也受到了批评。尽管提供了控制机制，可能只有少数人掌握使用技巧（Tucker，2014）。而且，很多时候控制机制可能只是虚幻，就如前文所介绍的控制悖论，增加了人们分享敏感数据的意愿，反而使消费者承担了更大的隐私风险（Acquisti，John，Loewenstein，2013）。

因此，人们对透明和控制机制在充分保护消费者隐私方面的可行性表示怀疑（Solove，2013），不少学者也提出美国应建立更为严格的监管制度（Borgesius，Eechoud，Gray，2015）。2018 年 6 月 28 日，号称全美最严格的隐私保护法《2018 加州消费者隐私法》（California Consumer Privacy Act of 2018，CCPA）在加利福尼亚州的参众两院一致通过，并由州长签署生效。虽然该法是在地产大亨 Alastair Mactaggart① 和 GDPR 的夹击下通过，仍然预留了很大的企业发展空间。例如 CCPA 将于 2020 年实施，只有满足年度总收入 2 500 万美元、或者出售个人信息的年收入超过总收入 50%等一系列条件的企业才需要适用该法。整体上，该法还是鼓励数据流通。

① Alastair Mactaggart 声称，如果不通过将力促一个更为严苛的倡议上升为法律。由于该倡议已经获得超过 60 万人签名，成为法律概率很高。参众两院也就就坡下驴，一致通过。

12.5　对中国监管制度的启示

12.5.1　三者的比较分析

三种治理模式虽然有明显差异，但是都在调动利益相关方参与个人隐私保护，既依赖企业自我管理和消费者责任制度，又依靠监管制度。治理模式的差异主要体现在利益相关者各自发挥作用的程度不同。欧盟政府发挥关键作用，美国市场发挥关键作用，而日本介乎其中。事实上，在保护隐私和提高整体社会福利方面，市场、个人、企业和政府都有潜在的优势及不足，具体见下表。

表 4　主要利益相关方优劣势分析

利益相关者	优势	劣势
企业	企业能以隐私保护作为竞争手段，以提高其声誉和市场占有率 领导型企业还可以组建行业协会，给行业制定隐私保护技术标准，提高行业整体信誉	企业有投机动力违规使用个人信息 行业协会的约束力有限
政府	通过立法阻止个人信息的不当披露，具有强制力	可能制度僵化，制约创新 难以有效执行，或者执行成本高昂
个人	自主学习和掌握隐私保护的专业知识 利用保护隐私的规章制度进行维权 必要之时发起集体诉讼	个人掌握知识有限，难以有效监督企业

如果要发挥市场的主导作用推动行业自律，则受制于该行业使用行业协会组织自我调节的能力。如果行业协会能形成影响力，提供该行业的专业知识、行业规范和集体物品，确实能起到很好的效果。这也是目前我国各类行业自律公约不断出台的重要原因。三种模式侧重点有所不同，这与三者的宏观环境、历史文化等都有关系。

欧盟和中国情况有很多不同。一是欧盟隐私保护传统更深厚。无论对于公共部门还是商业机构，欧盟普遍有更强的隐私保护意识。二是大型互联网企业都是外企。GDPR 触动最大的是美国公司的利益，法律制定及执行阻力相对较小。三是欧盟的高税收高福利制度。高福利制度需要高税收制度维持。欧盟其他行业税负大大高于互联网行业。蓬勃发展的互联网行业被其他行业视为“占便宜”。以至于欧盟经常对互联网行业罚款，而且很快要实行数字服务税，直接对其征税。

美国是数据流入国，大部分知名的 IT 或者互联网企业总部都在美国。严格的隐私监管可能会对经济增长和效率产生消极的影响。这是美国社会都不愿意看到的结果。而且互联网行业强大的说客团队和游说能力，使得美国也不可能通过严苛的隐私保护法规。

日本的经济实力和产业发展基础介于二者之间，采取的制度设计也是一条中间道路。一方面成立了“个人信息保护委员会”，建立了一些监管措施，例如对于数据出境，个人信息数据库不能转移到日本以外的一方，除非收件人有足够的数据保护，或者委员会认为其有足够完善的隐私保护法律体系；另一方面，使得以往某些灰色地带合法化，例如允许公司使用和销售有关其客户的“大数据”，只要这些数据去掉了姓名和出生日期等个人标识符。

12.5.2　我国的实际情况

中国有强大的互联网产业，巨大的产业规模，众多的就业人口和庞大的上下游产业链。首先，严厉的监管措施不容易出台。从业者都不会坐以待毙，会努力争取行业的发展空间。其次，发展仍然是第一要务，仍然需要这些行业强大的创新能力推动经济的迅速发展。严厉的举措可能使得行业发展受到制约。

12.5.3　对我国的启示

三种模式各有所长，都有值得借鉴的地方。就我国目前的发展阶段而言，日本的很多做法值得我国学习和借鉴。一方面加强制度建设，能更好地进行国际协作和对接。在法律方面，加快《个人信息保护法》的制定进度。在行政组织方面，成立专门的个人信息保护机构，对内进行行业监管，对外开展国际协作。另一方面也有“亲商条款”，使得某些商业行为合法化、规范化，促进数据流通，挖掘数据红利。首先应促进匿名处理数据的合法流通，破除不合时宜的法律障碍。其次对于企业的数据交易行为进行契约指导，规范市场行为。此外，对于利用数据资源进行的垄断行为，应进行竞争审查，维护竞争秩序。

13 数据产权归属

我们只要使用互联网，就会面对各种各样的隐私条款。大家几乎是不假思索地点击了“确定”接受这些条款和条件。就是这一点击，开启了个人数据生产、处理、交易、使用的流程。很多人认为权属界定是个人数据利用的基础。是否有必要进行清晰的权属界定？有可能进行清晰的权属界定吗？本章将对此进行分析。

13.1 频繁的个人数据争夺战

近年来，有几件典型的公司之间数据纷争案例，将个人数据产权归属的争论推向了风口浪尖。

2017 年 6 月 1 日，先是菜鸟在官方微博发布声明，称顺丰突然于当天凌晨关闭了对菜鸟的数据接口。随后顺丰则回应，称菜鸟于 6 月 1 日零点切断丰巢信息接口在先。随着纷争的升级，阿里系平台一度将顺丰从物流选项中删除。一方是最大的快递公司，一方是最大的电商平台，两者纷争的关键就在丰巢快递柜和菜鸟数据对接时，彼此指责获取对方数据太多。

此次纷争发生仅仅两个月后，华为和微信又爆发了数据之争。

腾讯向监管部门投诉华为获取微信数据并且侵犯用户隐私，而华为则声称产品通过了有关部门的检测。此番争论的原因在于华为旗下的荣耀 Magic 智能手机收集了用户微信数据，并分析数据和提供人工智能服务。事实上，Magic 不仅收集微信数据，还收集了手机上安装的其他 APP 的数据，例如支付宝。腾讯声称华为收集数据既侵犯了用户隐私，又侵犯了腾讯的权益。华为则声称所有数据收集活动都经过了用户授权。纷争的关键可以总结为微信上的数据归属用户还是归属腾讯，或者说腾讯是否能主张权益。

虽然通过主管部门的努力协调，相关的争议都暂时搁置。但是，其中的核心问题并没有最终解决：谁应该对个人数据持有经济主张？是数据主体还是投入资源收集数据的组织？腾讯指出华为获取了其微信数据，华为则说数据是用户的，华为已经获得了用户的授权。到底谁是谁非？实践中遇到的难题，理论界也正在进行探索，并没有形成定论。其实不仅在国内，全球各地经常在发生类似的数据战争。例如 HiQ Labs 抓取 LinkedIn 的数据建模，来预测员工的行为，例如可能何时辞职。2017 年 5 月，LinkedIn 向 hiQ Labs 致信，要求其停止从 LinkedIn 平台抓取数据。HiQ Labs 则在 6 月提起诉讼，指控 LinkedIn 违反反垄断法。美国联邦法院判决，LinkedIn 不能阻止创业公司访问该平台用户的公开数据，并要求 LinkedIn 在 24 小时内移除任何阻止 HiQ 访问其公开数据的技术障碍。

13.2 经济学的权属分配方式

二十多年以前，不少经济学家就探讨过个人数据的产权归属问题。很多学者都提出基于科斯定理（Coase theorem）[①] 进行产权分配，但是得出的结论大相径庭。大体的观点可以分为三类。

一是分配给数据主体。美国纽约大学教授 Kenneth Laudon 认为应建立个人信息财产权的制度，利用法律来定义和分配权利，这样既有利于保护隐私，又能促进数据流动（Laudon，1997）。具体方案是：个人拥有他们的个人数据，建立信息市场，可以将这些数据的权利转让给需求方以换取某种类型的赔偿。

二是分配给收集者。有的学者认为个人数据作为一种经济物品，在生产过程中企业付出了更多的成本，将其产权分配给主体不合理。还有学者认为，个人数据分配给个人并不能很好地挖掘其价值，数据主体本身不太可能完全了解它们的数据是什么或可以用于什么。因此将其分配给企业更有利于提高经济效率（Kahn，McAndrews，Roberds，2000）。

三是随机分配。也有学者认为无论分配给哪方都不影响社会福利。Swire 认为，根据科斯定理，消费者的数据是否会得到保护并不取决于个人数据的权利初始分配，最终是否披露或保护数据取决于

① 著名经济学家罗纳德·科斯（Ronald Coase）提出关于交易费用及其与产权安排的关系观点，被后来的学者归纳为科斯定理，比较流行的说法是：只要财产权是明确的，并且交易成本为零或者很小，那么，无论在开始时将财产权赋予谁，市场均衡的最终结果都是有效率的，实现资源配置的帕累托最优。

对信息感兴趣的各方的相对估值（Swire, 1997）。谁愿意为此报价更高，谁就能获得该数据。例如，购买车险时很多保险公司会在承保车辆上安装GPS。假设我认为我的驾驶数据值1 000元，如果数据归我所有，保险公司只要给我的出价高于1 000元，或者给我的保险减价1 000元以上，我就会同意其安装GPS。如果数据不归我所有，为了不安装GPS，我就愿意多支付保险公司1 000元，让其不安装GPS；如果保险公司要价1 500元，我可能就选择安装了。监管制度相当于一种初始的权利分配。强的隐私监管意味着将初始权利分配给数据主体，反之则分配给数据收集者。因此，监管的强弱就决定谁拥有初始权利，而另外一方将支付所有者访问或保护个人数据的费用（相丽玲，杨蕙，2016）。因此，个人数据权属界定具有利益分配或再分配的影响，对各方福利的盈亏有影响，但是对总体福利没有影响。

13.3 法学界的个人数据权利观点

无论是企业之间的个人数据之争，还是用户与数据收集者之间的利益纠葛，都已反映了个人数据已经成为一种重要的资源，甚至是能商品化的资产（相丽玲，高倩云，2018）。为了有效保障该资产，业界和学界都对“个人数据权利”进行了探索和研究。

吴韬教授将法学界对于“个人数据权利”的观点归为4类[1]：

① 详细内容参见 http：//www. sohu. com/a/117048454_ 481893

13.3.1　人格权

人格权的出发点是保护个人的精神利益，同时也保护人格权所衍生的财产利益。当前法律中的隐私权就是一种人格权。显然，隐私权强调个人数据保护，已经不符合大数据时代发展趋势。有专家提出创设一个新型人格权，称之为“个人信息资料权”，用以保障自主控制信息适当传播的权利。

13.3.2　知识产权

持该观点的学者指出，根据个人数据的数据库和数据集是否具有独创性，依次归属为著作权或邻接权。

13.3.3　商业秘密

由于个人数据类似于商业秘密，具有非公开性和非排他性，有的学者认为应该参照商业秘密进行保护。

13.3.4　数据财产权

在立法中增设一种新型的财产权。在获得数据主体授权的情况下，将个人数据权利赋予数据控制人。这种财产权并非完整的所有权①，在行使使用权、处置权之时不能损害数据主体的合法权益。

事实上，无论采用哪种观点，都不能很好地解决个人数据权属

① 《中华人民共和国民法通则》规定，财产所有权是指所有人依法对自己的财产享有占有、使用、收益和处分的权利。

问题。如果采用“个人信息资料权”，“保障自主控制信息适当传播”几乎是不可能的。因为数据的实际控制者是数据收集者，收集者不可能把数据全权交由数据主体控制，即便交给了数据主体，没有专业技能的个人也无法控制其数据。

个人数据的价值往往体现在大量数据的聚合。对于个人而言，仅仅掌握其自身的数据，价值有限。因此，无论是采用知识产权还是商业秘密进行法律保护，如果将权属赋予个人，则不能实现个人数据的价值；如果将该权属赋予数据收集者，则无法保障数据主体的利益。

13.4 难以实现的权属界定

对于个人数据产权归属，尽管近年来成为一个热点话题，但无论是经济学界还是法学界都没能达成共识。被广泛援引的科斯定理，产权界定只是资源优化配置实现的条件之一，并非充分条件，也更非必要条件。现实世界中，很多经济物品没有明晰的产权界定，大到人类共有的太空、公海、极地的探索与开发，小到农村共用的灌溉水源、宗族祠堂，其资源配置效率也不会低于很多人自家的一亩三分地。个人数据产权划分不仅并非必要的，也不具有可行性，或者说确权的成本过高。

13.4.1 有些个人数据权属不可能界定

前文已经介绍了，有些个人数据一旦分享出去就具有公共物品的属性，无法阻止其被使用或者访问。公开的个人数据能被几乎零成本地复制、出售、使用而不会干扰原始版本。这些数据不可能进行权属界定。

13.4.2　有些个人数据是共有的

此外，我们持有的一些个人数据从一开始就充满了共同所有权。典型的例子是购物数据。这些数据涉及交易双方，对于买者是购物记录，对于卖者是销售记录，他们都有权要求获得这些数据。任何一方的权利都不能被剥夺。此外，我们的手机通讯录都保存着关于其他人的信息，我们也共享这些信息（Kamleitner，Mitchell，2016；Pu，Grossklags，2016）。每当我们安装数据 APP 时，APP 会要求访问我们的联系人名单，我们实际上分享其他人的个人数据。因此，一些人建议应该从社会相互依赖的角度来看待个人数据市场（Sarigol，Garcia，Schweitzer，et al.，2014）。正如这点所强调的，所有权的界限可能并不总是清楚的，因为有些数据是关于我们的社会关系的。

13.4.3　权属界定有损效率

个人数据权属界定的本意是提高资源配置效率，事实上无论界定给哪方，对于效率都无裨益，甚至还有害。尤其有些数据超越简单的个人经济利益而关乎人类伦理与道德，更不宜授予私权。例如基因数据，如果授予某人完全支配权，对于其家庭、家族乃至种群都可能带来风险。

赋予数据主体，则收集者数据生产的积极性将受影响，而且大数据应用将无用武之地。个人数据并不完全属于个人，网购数据是在网购平台产生的，社交数据是在社交平台产生的。如果将收益权全部归数据主体，数据生产者将缺乏生产数据的动力。买方需求的是动态数据，即便数据主体能索取到以往的数据，将来生产方不再积极生产数据，交易就会很快因缺货而停止。

授予收集者，数据主体将会产生隐私顾虑，甚至隐私恐慌，可能会拒绝与收集者合作，同样有损整体社会福利（周汉华，2018）。

因此，监管者不应简单粗暴地进行产权分配，而应采用治理理念，吸收多方利益相关者共同参与，构建治理体系以实现各方的激励相容。一方面，避免对个人数据设置私权，以免限制数据生产和流通；另一方面，将监管重心放在数据使用规制上，提供安全技术标准，完善救济制度，为数据流通提供制度保障。

14 数据泄露告知机制

个人数据泄露带来的众多危害前文已有所介绍。要减少损失，首先就得告知数据主体数据泄露实情，使其尽早采取止损措施。数据泄露告知机制也是发达国家普遍采用的制度，但是该制度并不容易实施，毕竟数据控制者会有其利益考虑，担心告知后会影响公司声誉以及市值。因此，告知机制也涉及一系列的复杂博弈。

14.1 美国的先行先试

在数据泄露的众多危害之中，最为严重的是身份盗用，即盗用他人身份信息进行信用消费。信息技术允许人们通过将个人信息整合到交易身份中来享受信用利益，进行信用消费活动。在此过程中，个人信息共享对于支付系统的运行至关重要。这也就给不法分子提供了机会，他们以身份盗用的形式进行欺诈（Roberds，Schreft，2009）。

为了回应人们对身份盗用问题的担忧，美国国会多次尝试但未能就联邦数据泄露通知立法达成一致。因此，没有一个联邦法规对大多数公司施加违约通知义务。然而，美国许多州都采用了数据泄露告知法。加上哥伦比亚特区、波多黎各、关岛和维尔京群岛，目前有 47 个州已经制定了自己的法规，以明确企业在数据泄露事件后的通知义务。没有这些法律的州有阿拉巴马州、新墨西哥州和南达科他州，但是这些州的公民可能会受到其他州的数据泄露法的保护。总的来说，这些州的法律要求公司通知消费者他们的个人信息是否已经丢失或被盗。对于该制度的有效性，美国有不少专家专门进行了论证。

首先，数据泄露告知制度有利于降低身份盗窃行为的发生率。Romanosky 等学者使用 FTC 数据来估计数据泄露告知法对 2002—2007 年间身份盗用的影响。他们发现采用数据泄露披露法对身份盗窃行为发生率有影响，将其平均降低 2%（Romanosky，Telang，Acquisto，et al.，2011）。

第二，告知制度能减少受害者的平均损失。如果告知及时，受害者能迅速作出反应，采取一些防范措施。对于某些受害者，可能损失难以挽回，但是有些受害者则能有效止损，从而降低平均损失（Schwartz，Janger，2007）。

第三，短期影响公司的市值或者业绩。有学者研究了用户数据泄露事件对于公司证券市场市值的影响。Cavusoglu，Mishra 和 Raghunathan 发现，披露安全漏洞导致公司在两天内（公布当天和第二天）市场估值损失 2.1%（Cavusoglu，Mishra，Raghunathan，2004）。Acquisti，Friedman 和 Telang（2006）关注隐私泄露的公告，发现在公布当天，企业的股票市场价格下降了 0.6%（Acquisto，Friedman，Telang，2006）。还有学者研究了数据泄露对业绩的影响，Ko 和

Dorantes（2006）发现，违约后的四个季度公司的总体业绩变差，销售额较之于同行下滑明显（Ko，Dorantes，2006）。

当然，告知制度虽然使企业面临压力，其目的并非是为了惩罚企业。通过该制度，可以使企业的利益在数据安全方面与客户的利益保持一致，对企业形成一种约束机制，更好地提高公司的安全和运营水平（Schwartz，Janger，2007）。

14.2　欧盟的强化

欧盟的数据泄露告知机制建立晚于美国，但是却青胜于兰。GDPR 首次提出了细致的违规告知要求。该要求不仅适用于欧盟公司，也适用于处理信息的国外公司。“个人数据泄露”被广泛定义为“违反安全规定，导致意外或非法破坏、丢失、更改，未经授权披露、访问、传输、存储或以其他方式处理个人数据”。

GDPR 还规定了违规通知的标准，如果数据泄露可能侵犯个人权利和自由，所有成员国的数据处理者必须在首次发现即将发生或已经发生的数据泄露后尽快通知其客户。还必须在 72 小时内通知监管机构其违规行为。较之于美国松散的管理模式，GDPR 要求更为严格①，具体如下。

一是数据范围。美国的数据泄露告知法仅适用于被认为特别敏感的枚举类型的数据，例如社会保险号、金融账号或驾驶执照号。

---

① https：//www. lexology. com/library/detail. aspx？ g ＝ 8185429b － c98d － 484a － 9fce －890606c42804

GDPR 的违反通知规定适用于所有类型的“个人数据”，即为“与已识别或可识别的自然人（数据主体）相关的任何信息”。

二是通知政府的条件。美国的某些泄露告知法律要求，如果泄露行为是“重大的”（例如，它会损害个人的机密性、安全性或隐私权），才需要通知政府。GDPR 的违反通知规定，违规行为都需通知政府机构（即相关数据保护局），除非该违规行为不太可能导致侵犯个人“权利”的风险。

三是通知政府的时限。美国规定公司在数据泄露后必须采取行动通知政府机构的最短时间为 10 天。GDPR 的违规通知条款要求在发现违规行为后的 72 小时内发出通知。在此时间之后通知的公司将被要求提供延迟的“合理理由”。一旦公司通知政府当局发生个人数据泄露，公司可能必须与政府当局协调有关通知数据主体的相关事项。

四是消费者通知的重要性阈值。美国的某些违规告知法律要求，如果违规行为是“重大的”（例如，它会损害个人的机密性、安全性或隐私权），才需要告知数据主体。GDPR 的违反通知规定，数据主体的“权利”存在“高风险”的情况下，需要通知受影响的个人。此类通知必须包含个人数据泄露性质的描述，数据主体的类别和大致数量，公司数据保护官员的联系信息，个人数据泄露的可能后果，以及公司为解决和减轻问题所采取的措施。

五是受害人诉讼权利。美国违反告知法规在是否具体赋予私人诉讼权利方面存在差异。GDPR 的告知制度授予个人对因违反 GDPR 要求而遭受的任何损害寻求赔偿的权利。

六是处罚。美国不同的州对于是否罚款以及数量多少有不同的规定。如果公司未能遵守 GDPR 中的违规通知义务，则成员国的数据保护机构将对其处以最高 1 000 万欧元或公司年收入 2%的行政罚款。

14.3　建立泄露告知机制的建议

《网络安全法》提出了建立个人信息泄露告知机制，但是并没有相关的实施细则。我国应该借鉴欧盟和美国的经验，加快这方面的制度建设。

首先，应明确对于用户告知的相关事项。具体应该包括：哪些情形需要向用户告知，在什么时限内告知用户，采取什么方式向用户告知；告知内容的具体要求；如果没有按照要求告知，应承担哪些责任，接受哪些处罚。

第二，应明确对于政府报告的相关事项。具体应该包括：哪些情形需要向有关部门报告，向谁报告，在什么时限内报告，采取什么方式报告；报告哪些具体内容，报告的具体程序；如果没有按照要求报告，应承担哪些责任，接受哪些处罚。

第三，应设计政府的处理流程。接到企业的报告之后，负责的相关部门应该承担哪些职能，发挥哪些作用，以协助企业和个人控制风险和减少损失。

15　隐私增强技术

随着个人数据产生和收集的数量不断增加，以及大数据分析技术的不断进步，推断更敏感的信息的能力也随之增加。从面部识别到红外感知，从可穿戴设备到物联网，新技术收集数据范围不断扩张。同时，数据挖掘和分析工具不断演进，使得人们被监测和量化的覆盖范围越来越广。人们都在发出感叹，隐私越来越稀缺。然而，这种稀缺却给隐私增强技术带来了市场空间。

15.1　数字货币的隐私攻防

自从比特币出现以后，全球范围内掀起了一股数字货币的热潮。虽然经历了过山车似的暴涨暴跌，数字货币整体处于上升阶段。目前全世界发行有数千种数字货币，流通市值较大的主要有比特币、以太坊、莱特币、比特现金、EOS、瑞波等数字货币。数字货币与隐私也有千丝万缕的联系。

首先，数字货币在网上交易是匿名的。就以比特币为例，其规则是由工程师设计的，没有律师或监管机构的影响。比特币建立在交易日志上，该日志分布在参与计算机的网络中。它包括奖励诚实参与，早期采用者引导接受以及防止权力集中的机制。比特币的设计允许不可逆转的交易，随着时间的推移创造货币的规定路径，以及公共交易历史。任何人都可以免费创建比特币账户，无需任何集中审查程序，甚至不用提供真实姓名（Böhme，Christin，Edelman，Moore，2015）。这些规则产生的系统比传统货币的支付更灵活，更私密，更不适合监管监督。

第二，数字货币为非法交易提供了掩护。比特币诞生后，很快成为了暗网交易的主流货币。随着警方对比特币监控的日益严密，犯罪分子正在放弃比特币，转向其他数字货币，这些数字货币更难以被执法部门追踪。美国国土安全部官员在电话采访中向 CNBC 证实，犯罪分子“正在密切关注其他货币，如 monero 和 ethereum”。比特币建立在区块链上，是所有在线交易的公共记录。用户还需要公共地址的数字和字母才能接收付款。因此，情报机构可以追踪黑客提供的地址，并在他们试图通过交易所或银行等受监管实体兑现时抓住犯罪分子。

第三，公共部门在不断介入数字货币。2017 年 7 月 20 日，美国司法部和欧洲刑警组织宣布关闭两个最大的黑暗网络市场 AlphaBay 和 Hansa，并通报了数万家销售毒品、伪造身份证件和其他非法产品的供应商。美国司法部指出 AlphaBay 交易主要使用比特币、Monero 和以太坊。欧洲刑警组织估计自 2014 年推出以来，AlphaBay 的交易至少达 10 亿美元。几天后，美国加利福尼亚州北区地方法院的一个大陪审团指控俄罗斯国民亚历山大·温尼克和他经营的数字货币兑换网站 BTC-e，涉及洗钱和相关犯罪。BTC-e 网站曾经是主要交易所，现在已经被美国当局查封。

15.2　巨大的创新机遇

巨大的市场需求往往提供巨大的创新机遇。隐私保护的旺盛需求或许将培育一个庞大的隐私增强技术市场。而且该技术创新可能产生革命性的影响。

15.2.1　编程语言的革新

MIT 有一个团队推出了一种新的编程语言 Jeeves，使程序员更容易实施信息流策略：描述谁可以看到哪些信息。例如，对于某人的 GPS 位置，程序员可以定义保密级别：实际 GPS 位置为高机密性，其所在的国家为低保密性。通过设置哪些用户可以看到哪些级别的信息，从而做到保护隐私[①]。较之于当前主流的编程语言，目前这种语言的影响力不大。但是这提供了一个思路和方向，以后这方面的创新可能会层出不穷。

15.2.2　隐私增强技术整合到网络基础设施

5G 移动网络即将扑面而来，理论上其峰值传输速度可达每秒数十 Gb，这比 4G 网络的传输速度快数百倍。以往的信息传输限于速度都有所损耗，5G 时代实时信息传输将更为普遍，个人信息的隐匿

① https：//projects. csail. mit. edu/jeeves/about. php

更是难上加难。在此背景下，很多场景中的隐私增强技术应该成为标配，由互联网服务提供商作为基础设施而整合提供。例如精确人脸、车牌号、位置等信息的模糊化处理。当然，实现整合的一个关键因素是对这些技术的标准、商业模式和定价策略的探索和发展（Harborth，Herrmann，Kopsell，et al.，2017）。只有为实施和运营开发的匿名服务创建有利可图且可持续的方式，以激励服务提供者参与这项业务，才能确保隐私增强技术迅速发展和广泛应用。

15.3 区块链的机会

上文中数字货币的底层技术便是区块链（Blockchain）。它本质上是一个去中心化的数据库，应用链接块结构来验证和存储数据，并应用可信共识机制来同步数据中的变化，这使得创建用于存储和共享数据的防篡改数字平台成为可能。基于这些特性，有人提出区块链是解决隐私问题的可能路径。而且已经有很多平台提出了其隐私保护是基于区块链技术。区块链真能起到保护隐私的作用吗？

武汉大学有一个课题组研究区块链相关的隐私问题指出，区块链中已经做了很多保护隐私的努力，主要集中在以下几个方面：对交易关系进行模糊处理以抵制链接或跟踪分析，通过复杂的加密语言隐藏发件人和收件人的身份，在保留可验证性和可计算性的同时隐藏交易内容。该课题组认为，对隐私保护的需求日益增长可能成为新兴区块链应用的障碍，提出了区块链在隐私保护的未来研究方向，如经济性、信任、兼容性、可追溯性等问题（Feng，He，

Zeadally, et al. , 2018)。目前，使用区块链保护隐私尚处于探索阶段，有一些技术难题待突破，需要增加对该技术的投资。同时，法律方面也需跟进，以便使用户建立信任，参与可执行的智能合约（Kshetri, 2017）。

15.4　与收集者的较量

隐私增强技术在影响个人信息使用方式和经济后果方面的作用不容忽视。

首先，降低了个人数据的经济价值。隐私增强技术在保护消费者敏感数据的同时，会影响商家收集的数据的质量（Goldberg, 2003）。无论是采用提供虚假数据、化名数据，还是直接拦截数据采集，对于数据收集者都是虎口夺食。因此，它们可能会降低个人数据的经济价值。

第二，收集者承担大部分成本。个人数据的经济价值的降低，间接地增加了收集者的成本。收集者可能要更新收集数据的技术，或者给予消费者更多的报酬，才能获取高质量的数据。

第三，部分消费者承担了成本，部分消费者搭便车。消费者会对其数据估值，并考虑收集者给予的报酬与增强隐私的成本，从而做出最佳保留策略。如果购买隐私保护技术的消费者增加，收集者就会提高数据的报酬。那些没有购买隐私保护技术的消费者搭了便车，获得了更多的消费者剩余。

16 跨境流动监管

如果你在英国留学，使用英国的信用卡在 cheapticket（美国在线购票网站）购买澳洲航空（澳大利亚）的机票飞往印度，个人数据将在多个国家多个公司之间流转。这些数据适用的法律和法规盘根错节，即便专业人士也不容易理清。从一个国家的视角，能考虑的主要是在本国产生的个人数据的出境监管。个人数据出境缺乏监管将影响国家安全、制约创新能力提升、危及个人隐私。当跨越国家收集、使用或共享个人信息时，原本本地级别的问题的复杂性将呈指数级增长。

16.1 跨境流动日益频繁

随着对外开放的不断深入，越来越多的行业在中国销售产品及服务。大多数针对个人用户的产品及服务都能收集个人数据。除了姓名、性别、年龄、民族、籍贯、住址、电话等个人基本信息，不同行业收集数据会有所不同，如银行会有用户的资产状况、消费、交易数据，手机之类的移动智能终端会有用户的通讯录、位置数据。主要个人数据收集行业及数据内容如下表：

表 5　出境的个人数据所属主要行业及数据内容

主要行业	个人数据内容
社交软件、博客、微博	个人基本信息、日志、相册、音视频、聊天记录、朋友圈、浏览记录
电子产品	个人基本信息、使用记录、位置信息
电子邮件	个人基本信息、信件、通讯簿
网上购物	个人基本信息、网购记录、浏览商品记录
金融	个人基本信息、财务状况、信用记录
物流	个人基本信息、物流记录
汽车	个人基本信息、位置信息、维修保养记录
医疗	个人基本信息、健康状况、挂号、就诊、住院记录
旅游住宿	个人基本信息、行程、旅游偏好、住宿记录
教育	个人基本信息、教育记录
零售	个人基本信息、购物清单、刷卡记录

越来越多的企业将其用户数据作为企业核心资源，注重数据驱动的管理决策（Dan，2004），建立数据处理团队，甚至成立专门的数据处理部门。数据处理大多在总部进行，以至于大量的用户数据被外企传输出境进行数据分析。个人数据出境方式主要有三种：一是用户个人数据生成之后，直接存入了国外的服务器，在国外进行数据分析，如使用国外社交软件及社交网站。二是个人数据被收集后存入国内数据中心，经过数据加工后，通过互联网或者存储介质传输至国外，在国外进行数据分析。三是个人数据被收集存入国内数据中心，在国内进行数据加工和数据分析，仅将数据分析结果传输至国外。

16.2　国家之间的数据争夺

随着全球化和我国对外开放的不断深入，国人越来越多地购买外企的产品和服务。企业为了提供更好的服务、推出更好的产品、建立更好的客户关系，会尽可能多的收集用户数据。这一活动就导致了个人数据的跨境流动。用户包括个人用户和企业级用户，由于企业级用户的法律保障较为完备，本文主要关注个人用户。有些用户数据被外企带回本国总部，甚至传输到其他研发中心进行数据分析。随着市场的进一步开放，以及信息技术的发展，缺乏监管的个人数据跨境流动必然带来一系列负面影响。各国都日益重视个人数据跨境流动，先后出台了一些监管措施。

16.2.1　个人数据跨境流动国际规则

1996年，欧洲发生了有关数据转移出境的最早争执。花旗银行由于将德国信用卡数据转移到了美国分公司，而受到很多国家利益相关者以及社会舆论的猛烈批评。虽然事件最终平息，各国对于数据跨境流动的监管也提上了日程。随后的几年，各个经济体分别制定了用户数据跨境流动的规则。弓永钦等对APEC与欧盟的规则进行了比较研究（弓永钦，王健，2015），Allars对欧盟、美国、加拿大、澳大利亚的个人数据出境规则进行了比较研究（Allars，Margaret，2014），徐磊对APEC的规则进行了研究（徐磊，2014）。

16.2.2 个人数据跨境流动的经济影响

对于个人数据跨境流动的正面经济影响得到了普遍的认同。如Ahmed Usman 等认为个人数据跨境流动有利于促进创新，推动新经济发展（Ahmed, Chander, 2015）。因此，不少人也反对跨境数据的过度监管。2014 年 3 月欧洲国际政治经济研究中心发布的《数据本地化的代价》报告也显示，限制数据自由流动将对 GDP 增长率产生负面影响，其中，中国为-1.1%，巴西为-0.2%，欧盟为-0.4%，印度为-0.1%（Bauer，Lee-Makiyama，Marel，Verschelde，2014）。Ferracane 认为对跨境数据流的限制可能会影响各国根据各种贸易协定作出的法律承诺，如“服务贸易总协定”（General Agreement on Trade in Services，GATS）。Ferracane 还提出了一种分类法，以评估国际贸易法下相关监管措施的合法性和必要性（Ferracane, 2017）。

16.2.3 特殊个人数据跨境流动监管

尽管各国的数据跨境流动监管制度各不相同，但对于一些特殊的数据都有严格的监管。例如健康医疗数据（Di，Carinci，Brillante, et al.，2013），尤其是遗传信息，都被各国视为重点保护数据，大多强制要求本地化处理。此外，征信数据（丁惠强，2011；刘荣，温广虎，2011）事关市场经济的信用基础，绝大多数国家都要求本地化处理，有些国家甚至都限制外资进入该行业。近些年云计算迅猛发展，云中存储的个人数据（Abuoliem，2013；蒋洁，2012）跨境流动也是当前社会各界关注的热点。总之，大数据环境下，个人数据的流入就是资源的流入，对于个人数据出境的战略影响不容忽视。

16.3　个人数据出境的隐患

对于个人数据出境的数据规模以及数据涉及的人群规模，目前尚没有权威的统计数据。由于没有任何法律限制，对外开放的行业基本都存在个人数据出境的问题。个人数据出境存在以下隐患：

16.3.1　影响国家信息安全

目前，国内外企以美国企业为主，尤其是电子信息产业、金融业等重点行业。美国《爱国者法》（Uniting and Strengthening America by Providing AppropriateTools Required to Intercept and Obstruct Terrorism Act of 2001）规定，安全部门可以向企业获取其用户的消费、教育、医疗、投资等各种数据，且禁止企业向客户透露他们的信息已受调查（Aaronson，2015）。首先，用户群体部分是国家重要公务人员，其个人数据与国家信息安全息息相关。此外，即便是普通个人用户，当汇集大量用户信息，通过大数据技术分析，也能获取重要的情报。

16.3.2　削弱创新能力提升

拥有大量数据资源，是大数据时代实现技术创新的重要基础。任由数据外流，将高端的数据处理都在国外进行，不能很好地发挥技术扩散效应，不利于提高我国的创新能力。而且大数据处理正在形成一个很大规模的产业，包括企业战略制定、精准营销、产品或服务的完善、高端咨询服务等。任其布局在国外，难以提高该产业的国际竞争力。

16.3.3 危及用户隐私

个人数据跨境流动最直接影响的是用户隐私。首先，个人对数据将失去控制。Karol Thomas 较早就研究了个人数据跨境流动对于隐私的影响，认为跨境流动不利于保障个人访问和更正数据的权利，可能影响整个市场的信用基础，并介绍了隐私影响的评价方法（Karol，2001）。第二，个人数据传输到国外以后，由于数据流转链条变长，隐私泄露风险进一步增加。第三，发生泄漏后难以救济。程卫东认为个人数据跨境流动会侵犯个人权利，而且难以取证以致救济困难（程卫东，1998）。此外，不同国家的法律制度存在差别，使得隐私泄露的法律救济难度加大，更难保障数据主体的隐私权益（OECD，2011）。

16.4 个人数据出境监管机制建议

安全的数据交流对于一国的社会发展、经济繁荣及全球科技进步具有重要的积极作用，但由于其具有上述隐患，一旦发生问题，无论对国家还是公民个人都可能产生不可挽回的损失。大多数发达国家和发展中国家的主流做法是，在促进信息跨境流动的基础上，也对其加以合法监管（梁俊兰，1997）。例如 2019 年 1 月 23 日，第一份以互认为基础的个人数据跨境传输充分性框架在欧盟与日本之间正式生效施行，自此欧日之间实现了个人数据的双边自由传输。这一充分性互认决定催生了目前全球最大的数据安全流动区域，日欧之间将互相受益于高标准的隐私保护，也能共享彼此的市场。双方将于 2 年后开展联合审议，包括所有的充分性认定要素，补充规则的适用情况以及政府的数据访问情况。

针对我国的实际情况，提出以下建议：

16. 4. 1　完善法律法规体系

越来越多的国家意识到对本国个人数据保护具有重要的战略意义，应充分运用信息政策及信息法律法规的手段进行有效规制。例如，2015 年 10 月，欧盟面对新形势，否决了自 2000 年就开始执行的与美国之间的《安全港协定》。直到 2016 年 2 月，双方达成一个新协定，名曰“欧盟-美国隐私护盾”（EU-SU Privacy Shield）。规定用于商业目的的个人数据从欧洲传输到美国后，将享受与在欧盟境内同样的数据保护标准。我国目前虽然有 1988 年颁布的《保守国家秘密法》、1994 年颁布的《计算机信息系统安全保护条例》、2004 年颁布的《电子签名法》、2017 年颁布的《网络安全法》等基本法以及《计算机信息网络国际联网管理暂行规定》《计算机信息网络攻击国际联网安全保护管理办法》《信息安全技术公共及商用服务信息系统个人信息保护指南》等规范性文件，但是这些法律法规等对个人数据跨境流动的监管、保护力度有限。对此可以采取以下方式予以完善：

一是加快修订或完善现有的基本法。例如，可在《网络安全法》中进一步完善有关个人数据出境监管的相关内容，明确法律责任主体及各方主体的权利义务范围，并以此为依据制定相关的实施细则。

二是加快专门法的立法进度。我国正在制定《个人信息保护法》借鉴欧盟 GDPR、美国 CCPA 以及日本的 PIPA 的相关经验，加快制定针对个人信息进行保护和监管的专门性法律和相关配套措施。

16.4.2 构建国际合作机制

跨境数据流动的监管需要一国国内法的强有力的保护和规制，但面对信息全球化的发展趋势，更需要建立国家与国家及地区之间的合作机制。跨境数据加重了个人数据的安全隐患，需要国际社会共同努力加大信息保护的力度。对于跨境个人数据的监管，不论是采用“属人主义”“属地主义”还是“侵权结果发生地主义”，都应该建立国家间的合作监管和协作模式，才能够对侵权行为进行全面监管。只有不断加大跨境个人数据流动方面的国际合作力度，完善国际合作机制，才能维护利益相关国的信息主权和信息安全。

一是签订双边或多边合作协议。我国可以参考美国、欧盟的经验，与经贸往来较多的国家和地区签订针对跨境数据保护的双边或多边合作文件。通过国家合作界定侵犯信息主权的跨境侵权行为要件，明确需要双边甚至多边合作的信息侵权行为的类型及合作的具体模式。

二是加入为维护个人数据跨境信息安全相关的国际合作组织。立足本国的国际合作现状，在现有国际组织的框架内积极开展跨境数据安全保护方面的国际合作。例如加入 APEC（亚太经合组织）的 CBPRs（跨境隐私规则体系）、CPEA（跨境隐私执行安排）等。

16.4.3　设立分类分级安全审查机制

出境的用户数据涉及很多行业，包括很多数据类型。如果一刀切地禁止出境，不利于生产要素的流动，影响资源配置的效率。建议在评估各行业用户数据出境风险的基础上，借鉴国外安全审查机制，进行分类监管。

一是限制涉及国家安全的个人数据出境。应通过制定法律，强制要求涉及国家安全和社会稳定的用户数据禁止跨境（Lesieur，2012），如医疗、社保、电信、金融等重要行业的用户数据。具体行业选择可以参照国外经验，如印度电信行业虽然对外开放，但是其要求电信行业用户数据必须本土处理。

二是以问责机制规制敏感行业用户数据出境。对于个人隐私较为敏感的行业，如住宿、交通、房地产等，明确数据控制者的用户数据管理责任。责任应包括知会数据主体并征求其许可，对数据接收方的资质审查和监督，用户数据泄露后的查证及补偿。目前加拿大主要采用这种方式管理数据出境。

三是以格式合同管理普通行业用户数据出境。将制定数据出境标准合同条款作为保护个人数据的手段，由政府制定用户数据出境的标准格式合同，明确数据转移各方的责任，建立对合同的监督机制。如欧盟由数据保护主管部门制定标准格式合同条款。

16.4.4 明确企业数据管理责任

个人数据出境的监管也不仅仅是政府的责任和义务，在经济贸易往来中掌控大量数据的企业主体更应该提高自身保护相关数据的自觉性和自律性，构建政府与企业、国家与社会、技术与法律协同的数据跨境流动治理创新体系。一方面，鼓励行业自律，成立相关的行业协会组织，建立认证体系，相互监督、共同维护用户利益，保护个人数据。另一方面，鼓励企业设立专门的个人数据管理部门，加强个人数据保护力度，畅通与政府监管部门的联系交流。有必要通过法律机制建立政府与企业共同监管的模式，形成以政府为主导，企业为参与主体，全社会共同监管的协调协同机制。

大数据环境下，个人数据的流出就是资源的流出。在个人数据跨境监管方面没有前瞻性的举措，不仅会在产业方面失去优势，还将影响国家信息安全及国际竞争力，甚至会在数据资源的国际竞争中错失良机。综合运用上述手段，仍然不可能完全避免个人数据跨境流动中的隐患，还需要积极探索更多的措施，比如加强对个人数据安全保护的宣传力度、提高民众的信息安全保护意识等。同时，应鼓励企业积极创新，在做好个人数据保护工作的基础上，加快对我国个人数据富矿的价值挖掘，提升产业竞争力。

后 记

本书分析了个人数据生产、加工、交易、使用的流通过程，以及在婚恋平台、广告行业、共享经济等主要行业的应用情况以及隐私治理的热点问题。总体来说能得出以下结论：

首先，作为一种经济物品，个人数据的效用具有两面性。强调其正面或者负面影响都有失偏颇。从数据主体来看，能享受数据分享的优惠和便利，也可能承受隐私泄露的经济和精神损失；从社会整体来看，数据分享能减少市场摩擦、促进交易以及增加社会福利，同时也能造成非法歧视、安全风险和信任危机。

第二，作为一种容易被存储、复制和传输的信息，个人数据流通具有复合型。许多公司已经从用户那里收集了大量的数据，在利用数据进行精准营销的同时，也能加工数据后进行交易或销售。个人数据既可能是中间产品，也可能是最终产品。要对此严格区分，还需要有科学的匿名化标准，并对去匿名化行为进行监管。要降低流通过程中的数据泄露风险，需要建立溯源管理体系。

第三，作为一些行业发展的基石，个人数据的收集与使用应该基于消费者的理性分享。社交媒体促进了分享文化，随时分享自己的活动、地点、心情和观点。分享经济也是如此，而婚恋、就业及征信等行业则是不得不为。社交网络、电子商务网站、网页浏览器等针对注重隐私的消费者的个性化控制已经出现。这些技术在试图将隐私选择留在消费者手中，但实际上，许多消费者缺乏保护和管理其个人信息的意识和技能，特别是在一些弱势群体中。对于隐私保护的意识和技能的培育和培训，需要个人、行业、第三部门以及公共部门的共同努力。

第四，广泛的需求与普遍的顾虑交织，使得规范个人数据生产、加工、交易和使用对政府来说是一项具有挑战性的任务。鉴于个人数据的敏感性，信息技术的迅猛进步，信息流的全球化，都使得监管制度建设处于奋起直追的状态。世界各国政府出台新的法规，有一些是加强规制，例如将一些新出现的数据类型纳入保护；有一些则是使某些灰色地带合法化，例如允许某些数据产品交易。

总之，从个人数据中提取经济价值和保护隐私需要很好的权衡与协调，而不应该视为对立的目标。在监管面临挑战的同时，也应看到个人意识和技能的不断提高，隐私增强技术及产业的迅猛发展，以及行业协会组织的积极作为。随着隐私治理体系的不断完善，市场激励、监管制度、技术创新、个人参与的多种组合必将推动隐私经济向着更加平衡、协调的方向发展，增进社会整体福利。

最后，本书梳理了隐私经济理论与实践的最新进展，介绍了业界的主流观点，也阐述了近些年作者本人的思考。该领域的发展太过迅速，或许成稿之时有些素材便已过时。因此，本人将持续开展隐私经济的相关研究，为读者提供更多更好的研究成果。

致　谢

本书的出版首先要感谢家人对我工作的支持。本书的写作周期较长，期间国内外在个人数据保护方面的规章制度频繁更新和出台，相关的研究成果和经典案例不断涌现。为了体现最新的观点和思潮，书稿写作数易其稿，占用了大量本该陪伴家人的时间。作为本书的第一批读者，他们也提出了大量的宝贵建议。

感谢国家留学基金委对本人访学的资助。2017 年 9 月开始为期 1 年在南安普顿大学的访问，使我有机会能跟 Steve Saxby 教授、Sophie Stalla-Bourdillon 教授等学者交流个人数据保护与利用方面相关的观点和看法。在此对两位教授一并表达感谢。

感谢北京市社会科学基金（编号：16YJB021）的资助。书中部分内容是在该项目资助下完成的研究。

感谢陈伟研究员、李慧敏博士，他们与本人开展合作研究，有些章节得到了他们的宝贵建议。

感谢北京市社会科学院，这里提供了开明、开放的科研环境，使我能专心研究。

感谢本书的责任编辑杨明女士。这是我们合作的第二本书。她一如即往的认真负责，促成了本书的出版。

参考文献

程卫东. 1998. 跨境数据流动的法律监管.政治与法律，(03)：72-76.

邓刚宏. 2018. 大数据权利属性的法律逻辑分析——兼论个人数据权的保护路径.江海学刊，(06)：144-150,255.

邓胜利,赵海平. 2018. 差异化隐私保护视角下的个人信息价值评估研究进展.信息资源管理学报，8（04）：49-58.

迪莉娅. 2016. 政府数据深度开放中的个人数据保护问题研究.图书馆，(06)：54-58,64.

丁惠强. 2011. 征信数据跨境流动监管研究.征信，(02)：17-20.

丁晓东. 2018.个人信息私法保护的困境与出路.法学研究,40（06）：194-206.

方明. 2018. 个人信息多元保护模式探究.学海，(06)：198-203.

葛丽明，马绍峰. 2014. 个人电子信息安全的法律保护问题.河北学刊，(1)：165-168.

弓永钦,王健. 2015. APEC 与欧盟个人数据跨境流动规则的研究.亚太经济，(05)：9-13.

侯令忠. 2018. 基于差分隐私的体育个人信息安全保护及法律遵从研究.北京体育大学学报，41（11）：49-54.

姬蕾蕾. 2018.论个人信息利用中同意要件的规范重塑.图书馆，(12)：85-91.

姜盼盼. 2018. 欧盟个人信息保护法中当事人同意的立法经验与启示.图书馆建设，(11)：11-16,22.

姜素红,张可. 2018. 论网络购物消费者个人信息的立法保护.湘潭大学学报(哲学社会科学版)，42（06）：73-76.

蒋洁. 2012. 云数据跨境流动的法律调整机制.图书与情报，(06)：57-63.

雷婉璐. 2018. 我国个人信息权的立法保护——对美国和欧盟个人信息保护最新进展的比较分析.人民论坛·学术前沿,(23):108-111.

梁俊兰. 1997.越境数据流与信息政策和信息法律.国外社会科学,(5):63-67.

梁晓丹,李颖灏,刘芳. 2018.在线隐私政策对消费者提供个人信息意愿的影响机制研究——信息敏感度的调节作用.管理评论,30(11):97-107,151.

刘荣,温广虎. 2011. 欧盟成员国消费者信用信息数据跨境共享模式及实践.征信,(03):62-65.

刘岩,宋吉鑫. 2018. 大数据伦理问题中的权利冲突及法律规制——以个人信息权为中心. 辽宁大学学报(哲学社会科学版),46(06):123-130.

罗勇. 2018. 论我国个人信息保护立法中"被遗忘权"制度的构建. 暨南学报(哲学社会科学版),40(12):69-80.

彭岳. 2018. 税收情报自动交换中的个人数据保护问题.法学,(01):156-168.

秦德霖. 1999. 上海市医疗保险医院计算机系统的设计和实施方案. 中国卫生资源,(3):31-32.

田野. 2018. 大数据时代知情同意原则的困境与出路——以生物资料库的个人信息保护为例.法制与社会发展,24(06):111-136.

涂萌,张绵伟. 2018. 第三方支付用户个人信息安全风险及对策研究.情报理论与实践,41(12):70-75.

万琦. 2013. 大数据模式下的个人健康管理. 互联网周刊,(18):58-59.

王东亮,陈玉平,罗雨舟,等. 2018. 大数据视角下个人数据合理使用研究.高校图书馆工作,38(06):37-40.

汪国华. 2006. 从熟人社会到陌生人社会:城市离婚率趋高的社会学透视. 新疆社会科学(汉文版),23(5),5-9.

王瑞霞,刘晓纯. 2018. 大数据时代个人信息保护立法视角探析.吉首大学学报(社会科学版),39(S2):31-34.

王卫，张梦君，王晶. 2018. 国内外大数据交易平台调研分析. 情报杂志，(12)：7-14.

王秀哲. 2018. 大数据时代个人信息法律保护制度之重构.法学论坛，33 (06)：115-125.

王忠. 2015. 大数据时代个人数据交易许可机制研究. 理论月刊，(06)：131-135.

王忠. 2017. 城市交通大数据应用领域及措施研究. 管理现代化，37 (01)：85-87.

王忠，安智慧. 2016. 国外城市管理大数据应用典型案例及启示.现代情报，36 (09)：168-172.

王忠，赵惠. 2014. 大数据时代个人数据的隐私顾虑研究——基于调研数据的分析. 情报理论与实践，37 (11)：26-29.

相丽玲，高倩云. 2018. 大数据时代个人数据权的特征、基本属性与内容探析. 情报理论与实践，41 (09)：45-50,36.

相丽玲，杨蕙. 2016. 个人数据信息开发与保护的多学科理论. 情报理论与实践，39 (02)：24-27,33.

徐磊. 2014. APEC 跨境商业个人数据隐私保护规则与实施.商业时代，(30)：102-103.

许济沧，安小米，孙嘉睿，等. 2018. 基于 GDPR 的个人数据保护企业自评指标体系研究.图书情报工作,62 (23)：113-118.

殷峻. 2018. 网络时代儿童个人信息的法律保护——基于美国和欧盟立法的比较研究. 学术研究，(11)：73-78.

俞国培，包小源，黄新霆，等. 2014. 医疗健康大数据的种类、性质及有关问题. 医学信息学杂志，(06)：9-12.

张涵，王忠. 2015. 国外政府开放数据的比较研究. 情报杂志，34 (08)：142-146,151.

张继红. 2018. 个人数据跨境传输限制及其解决方案. 东方法学，(06)：37-48.

张书青. 2018. 脚印与路：个人信息保护与大数据权益归属.电子知识产权，(11)：12-22.

张涛. 2019. 欧盟个人数据匿名化的立法经验与启示. 图书馆建设，(1)：1-10.

张毅菁. 2016. 数据开放环境下个人数据权保护的研究. 情报杂志，35 (06)：35-39.

赵丽莉，靳旭. 2018. 论大数据时代让渡个人数据换取服务的矛盾与协调. 情报杂志，37

(12):156-161.

郑志峰. 2018. 通过设计的个人信息保护. 华东政法大学学报,21 (06):51-66.

周汉华. 2018. 探索激励相容的个人数据治理之道——中国个人信息保护法的立法方向. 法学研究, 40 (02):3-23.

朱宣烨. 2018. 新时代个人信息民事保护路径研究——以存在第三方信息处理者情况下的民事责任分配为视角. 法学杂志,39 (11):133-140.

Aaronson, Susan. 2015. Why Trade Agreements are not Setting Information Free: The Lost History and Reinvigorated Debate over Cross-Border Data Flows, Human Rights and National Security. World Trade Review 14 (Fall):671-700.

Abuoliem, Abdallah. 2013. Cloud Computing Regulation: An Attempt to Protect Personal Data Transmission to Cross-Border Cloud Computing Storage Services. International Journal of Computer & Communication Engineering, 2 (4):521-525.

Acquisti, A., L. Brandimarte, G. Loewenstein. 2015. Privacy and human behavior in the age of information. Science ,347 (6221):509-514. doi: 10.1126/science.aaa1465.

Acquisti, A., C. M. Fong. 2013. An experiment in hiring discrimination via online social networks. The Twelfth Workshop on the Economics of Information Security.

Acquisti, A., R. Gross. 2009. Predicting Social Security numbers from public data. Proceedings of the National Academy of Sciences of the United States of America 106 (27): 10975-10980. doi: 10.1073/pnas.0904891106.

Acquisti, A., L. K. John, G. Loewenstein. 2013. What is privacy worth? Journal of Legal Studies, 42 (2):249-274. doi: 10.1086/671754.

Acquisti, A., H. R. Varian. 2005. Conditioning prices on purchase history. Marketing Science 24 (3):367-381. doi: 10.1287/mksc.1040.0103.

Acquisti, Alessandro, Curtis R Taylor, LiadWagman. 2016. The Economics of Privacy. Journal of Economic Literature 54 (2):442-492.

Acquisto, A., A. Friedman, R. Telang. 2006. Is there a cost to privacy breaches? An event study.ICIS 2006 Proceedings – Twenty Seventh International Conference on Information Systems.

Adjerid, Idris, Alessandro Acquisti, Rahul Telang, et al. 2016. The Impact of Privacy Regulation and Technology Incentives: The Case of Health Information Exchanges.Management Science 62 (4):1042–1063.

Ahmed, Usman, AnupamChander. 2015. Information Goes Global: Protecting Privacy, Security, and the New Economy in a World of Cross-Border Data Flows.Social Science Electronic Publishing.

Ajunwa, Ifeoma, Kate Crawford, Joel S. Ford. 2016. Health and Big Data: An Ethical Framework for Health Information Collection by Corporate Wellness Programs.Journal of Law Medicine & Ethics 44 (3):474–480. doi: 10.1177/1073110516667943.

Allars, Margaret. 2014. Cross-Border Transfer of Personal Information: evolving privacy regulation in Europe and Australia : Perspectives on Privacy Increasing Regulation in the USA, Canada, Australia and European Countries.Proceedings of the National Academy of Sciences of the United States of America 96 (15):8745–8750.

Anderson, E. T., D. I. Simester. 2010. Price stickiness and customer antagonism.Quarterly Journal of Economics 125 (2):729–765. doi: 10.1162/qjec.2010.125.2.729.

Anderson, S. P., A. de Palma. 2012. Competition for attention in the Information (overload) Age.RAND Journal of Economics 43 (1):1–25. doi: 10.1111/j.1756–2171.2011.00155.x.

Armstrong, M., J. Zhou. 2010. Conditioning prices on search behaviour.Conditioning Prices on Search Behaviour.

Athey, S., J. S. Gans. 2010. The impact of targeting technology on advertising markets and media competition.American Economic Review 100 (2):608–613. doi: 10.1257/aer.100.2.608.

Bapna, R., J. Ramaprasad, G. Shmueli, et al. 2016. One-way Mirrors in Online Dating: A Randomized Field Experiment.management Science 62(11) 3100-3122.

Bauer, Matthias, Hosuk Lee-Makiyama, Erik Van Der Marel, et al. 2014. THE COSTS OF DATA LOCALISATION: FRIENDLY FIRE ON ECONOMIC RECOVERY.

Berendt, B., O. Günther, S. Spiekermann. 2005. Privacy in e-commerce : Stated preferences vs. actual behavior. Communications of the ACM 48 (4): 101 - 106. doi: 10. 1145/1053291.1053295.

Blanchette, J. F., D. G. Johnson. 2002. Data retention and the panoptic society: The social benefits of forgetfulness. Information Society 18 (1): 33 - 45. doi: 10. 1080/01972240252818216.

Blumstein, A., K. Nakamura. 2009. Redemption in the presence of widespread criminal background checks.Criminology 47 (2):327-359. doi: 10.1111/j.1745-9125.2009.00155.x.

Böhme, R., N. Christin, B. Edelman, et al. 2015. Bitcoin: Economics, technology, and governance.Journal of Economic Perspectives 29 (2):213-238. doi: 10.1257/jep.29.2.213.

Braghin, Chiara, Marco Cremonini. 2017. Chapter 52 - Online Privacy. Computer& Information Security Handbook:743-758.

Burton, P. R., D. G. Clayton, L. R. Cardon, et al. 2007. Genome-wide association study of 14,000 cases of seven common diseases and 3,000 shared controls.Nature 447 (7145):661-678. doi: 10.1038/nature05911.

Calo, R. 2014. Digital market manipulation. George Washington Law Review 82 (4): 995-1051.

Campbell, J., A. Goldfarb, C. Tucker. 2015. Privacy regulation and market structure. Journal of Economics and Management Strategy 24 (1):47-73. doi: 10.1111/jems.12079.

Campbell, K., L. A. Gordon, M. P. Loeb, et al. 2003. The economic cost of publicly announced information security breaches: Empirical evidence from the stock market. Journal of

Computer Security 11 (3):431-448. doi: 10.3233/JCS-2003-11308.

Cavusoglu, H., B. Mishra, S. Raghunathan. 2004. The effect of internet security breach announcements on market value: Capital market reactions for breached firms and internet security developers. International Journal of Electronic Commerce 9 (1):69-104.

Chen, Yixi, Gregory F. Guzauskas, ChengmingGu, et al. 2016. Precision Health Economics and Outcomes Research to Support Precision Medicine: Big Data Meets Patient Heterogeneity on the Road to Value. Journal of personalized medicine 6 (4).

Cobb, Camille, Tadayoshi Kohno. 2017. How Public Is My Private Life?: Privacy in Online Dating. International Conference on World Wide Web.

Collins, Brendan. 2016. Big Data and Health Economics: Strengths, Weaknesses, Opportunities and Threats. Pharmacoeconomics 34 (2):101-106. doi: 10.1007/s40273-015-0306-7.

Crossler, Robert E. 2011. Privacy in the digital age: a review of information privacy research in information systems. Management Information Systems Quarterly 35 (4):1017-1042.

Dan, J. B. Svantesson. 2004. Fundamental Policy Considerations for the Regulation of Internet Cross-Border Privacy Issues. KlinischeMonatsbltterFürAugenheilkunde 221 (10):825-36.

Daughety, A. F., J. F. Reinganum. 2009. Public goods, social pressure, and the choice between privacy and publicity. American Economic Journal: Microeconomics 2 (2):191-221. doi: 10.1257/mic.2.2.191.

Di, Iorio Ct, F Carinci, M Brillante, et al. 2013. Cross-border flow of health information: is 'privacy by design' enough? Privacy performance assessment in EUBIROD. European Journal of Public Health 23 (2):247-253.

Dinev, T., P. Hart. 2006. An extended privacy calculus model for e-commerce transactions. Information Systems Research 17 (1):61-80. doi: 10.1287/isre.1060.0080.

Dugas, A. F., Y. H. Hsieh, S. R. Levin, et al. 2012. Google Flu Trends: Correlation with emergency department influenza rates and crowding metrics. Clinical Infectious Diseases 54 (4):463-469. doi: 10.1093/cid/cir883.

Einav, L., M. Jenkins, J. Levin. 2013. The impact of credit scoring on consumer lending. RAND Journal of Economics 44 (2):249-274. doi: 10.1111/1756-2171.12019.

Farahat, A., M. Bailey. 2012. How effective is targeted advertising? WWW'12 - Proceedings of the 21st Annual Conference on World Wide Web.

Feng, Qi, Debiao He, Sherali Zeadally, et al. 2019. A survey on privacy protection in blockchain system. Journal of Network and Computer Applications. 126:45-48.

Ferracane, Martina. 2017. Restrictions on Cross-Border Data Flows: A Taxonomy. Social Science Electronic Publishing.

Fodeh, Samah, Qing Zeng. 2016. Mining Big Data in biomedicine and health care. Journal of Biomedical Informatics 63:400-403. doi: 10.1016/j.jbi.2016.09.014.

Fudenberg, D., J. Tirole. 2000. Customer poaching and brand switching. RAND Journal of Economics 31 (4):634-657. doi: 10.2307/2696352.

Gillespie, Greg. 2016. DOUBLE-TEAM DATA ANALYTICS. Allina Health boosts clinical operations with big data partner. Health data management 24 (3):30-1.

Goh, K. Y., K. L. Hui, I. P. L. Png. 2015. Privacy and marketing externalities: Evidence from do not call. Management Science 61 (12):2982-3000. doi: 10.1287/mnsc.2014.2051.

Goldberg, I. 2003. Privacy-enhancing technologies for the internet, II: Five years later. In Lecture Notes in Computer Science (including subseries Lecture Notes in Artificial Intelligence and Lecture Notes in Bioinformatics).

Goldfarb, A., C. Tucker. 2011. Online display advertising: Targeting and obtrusiveness. Marketing Science 30 (3):389-404. doi: 10.1287/mksc.1100.0583.

Goldfarb, A., C. Tucker. 2012a. Privacy and innovation. In Innovation Policy and the Economy.

Goldfarb, A., C. Tucker. 2012b. Shifts in privacy concerns. American Economic Review 102 (3):349–353. doi: 10.1257/aer.102.3.349.

Gottlieb, Daniel, Kent Smetters. 2011. Grade Non-Disclosure. National Bureau of Economic Research.

Guo, Bing, L. I. Qiang, Xu Liang Duan, et al. 2017. Personal Data Bank: A New Mode of Personal Big Data Asset Management and Value - Added Services Based on Bank Architecture. Chinese Journal of Computers.

Hacker, Philipp, BilyanaPetkova. 2016. Reining in the Big Promise of Big Data: Transparency, Inequality, and New Regulatory Frontiers. Social Science Electronic Publishing.

Hagiu, A., B. Jullien. 2011. Why do intermediaries divert search? RAND Journal of Economics 42 (2):337–362. doi: 10.1111/j.1756–2171.2011.00136.x.

Hallam, Lara, Michel Walrave, Charlotte J. S. De Backer. 2018. Information Disclosure, Trust and Health Risks in Online Dating. In Sexting: Motives and risk in online sexual self-presentation, edited by Michel Walrave, Joris Van Ouytsel, Koen Ponnet and Jeff R. Temple, 19–38. Cham: Springer International Publishing.

Harborth, D., Herrmann, D., Köpsell, et al. 2017. Integrating privacy-enhancing technologies into the internet infrastructure.

Hirshleifer, J. 1971. The private and social value of information and the reward to inventive activity. American Economic Review 61 (4):561–574.

Hirshleifer, J. 1980. Privacy: Its origin, function, and future. Journal of Legal Studies 9 (4): 649–664.

Hitsch, G. J., A. Hortaçsu, D. Ariely. 2010. Matching and sorting in online dating. American Economic Review 100 (1):130–163. doi: 10.1257/aer.100.1.130.

Hoofnagle, C. J. 2012. Behavioral advertising: The offer you cannot refuse. Harvard Law

& Policy Review 6 (2):273-296.

Jappelli, T., M. Pagano. 2002. Information sharing, lending and defaults: Cross-country evidence. Journal of Banking and Finance 26 (10):2017-2045. doi: 10.1016/S0378-4266(01)00185-6.

Jensen, C., C. Potts. 2004. Privacy policies as decision-making tools: An evaluation of online privacy notices. Conference on Human Factors in Computing Systems-Proceedings.

Jernigan, C., B. F. Mistree. 2009. Gaydar: Facebook friendships expose sexual orientation. First Monday 14 (10). doi: 10.5210/fm.v14i10.2611.

Johnson, Owen A., Peter S. Hall, Claire Hulme. 2016. NETIMIS: Dynamic Simulation of Health Economics Outcomes Using Big Data. Pharmacoeconomics 34 (2):107-114. doi: 10.1007/s40273-016-0384-1.

Kahn, C. M., J. McAndrews, W. Roberds. 2000. A Theory of Transactions Privacy. Federal Reserve Bank of Atlanta 2000 (22).

Kamleitner, Bernadette, Vincent Wayne Mitchell. 2018. Can Consumers Experience Ownership for Their Personal Data? From Issues of Scope and Invisibility to Agents Handling Our Digital Blueprints.

Kaplan, Bonnie. 2016. How Should Health Data Be Used?: Privacy, Secondary Use, and Big Data Sales. Cambridge Quarterly of Healthcare Ethics 25 (2): 312 - 329. doi: 10.1017/s0963180115000614.

Karol, Thomas. 2001. Understanding Cross-Border Privacy Impact Assessments. Edpacs the Edp Audit Control & Security Newsletter 29 (4):1-20.

Kim, Jin Hyuk, LiadWagman, Abraham L. Wickelgren. 2018. The Impact of Access to Consumer Data on the Competitive Effects of Horizontal Mergers. SSRN Electronic Journal.

Ko, M., C. Dorantes. 2006. The impact of information security breaches on financial performance of the breached firms: An empirical investigation. Journal of Information Technology

Management 17 (2):13-22.

Krishnamurthy, B., C. E. Wills. 2009. Privacy diffusion on the web: A longitudinal perspective. WWW'09 - Proceedings of the 18th International World Wide Web Conference.

Kshetri, Nir. 2017. Blockchain's roles in strengthening cybersecurity and protecting privacy. Telecommunications Policy:S0308596117302483.

Laudon, K. C. 1996. Markets and privacy. Communications of the Acm 39 (9):92-104. doi: Doi 10.1145/234215.234476.

Laudon, K. C. 1997. Extensions to the theory of markets and privacy: Mechanics of pricing information. Social Science Electronic Publishing.

Lazer, D., R. Kennedy, G. King, et al. 2014. The parable of google flu: Traps in big data analysis. Science 343 (6176):1203-1205. doi: 10.1126/science.1248506.

Lesieur, Franois. 2012. Regulating cross-border data flows and privacy in the networked digital environment and global knowledge economy. International Data Privacy Law volume 2 (2): 93-104(12).

Madden, M., L. Rainie. 2015. Americans' Attitudes about Privacy, Security and Surveillance. Americans' Attitudes about Privacy, Security and Surveillance.

Malgieri, Gianclaudio, Bart Custers. 2018. Pricing privacy-the right to know the value of your personal data. Computer Law & Security Review 34 (2):289-303.

McDonald, A. M., L. F. Cranor. 2008. The cost of reading privacy policies. I/S: A Journal of Law and Policy for the Information Society 4 (3):540-565.

Mikians, J., L. Gyarmati, V. Erramilli, et al. 2012. Detecting price and search discrimination on the Internet. Proceedings of the 11th ACM Workshop on Hot Topics in Networks, HotNets-11.

Mikians, J., L. Gyarmati, V. Erramilli, et al. 2013. Crowd-assisted search for price discrimination in E-commerce: First results. CoNEXT 2013 - Proceedings of the 2013 ACM International Conference on Emerging Networking Experiments and Technologies.

Miller, A. R., C. Tucker. 2009. Privacy protection and technology diffusion: The case of electronic medical records. Management Science 55 (7): 1077-1093. doi: 10.1287/mnsc.1090.1014.

Miller, A. R., C. E. Tucker. 2007. Privacy protection and technology diffusion: The case of electronic medical records. The Workshop on the Economics of Information Security.

Miller, A. R., C. E. Tucker. 2011a. Can health care information technology save babies? Journal of Political Economy 119 (2):289-324. doi: 10.1086/660083.

Miller, A. R., C. E. Tucker. 2011b. Encryption and the loss of patient data. Journal of Policy Analysis and Management 30 (3):534-556. doi: 10.1002/pam.20590.

Miller, A. R., C. E. Tucker. 2014. Electronic discovery and the adoption of information technology. Journal of Law, Economics, and Organization 30 (2): 217-243. doi: 10.1093/jleo/ews038.

Miller, Amalia R, Catherine E Tucker. 2017. Privacy Protection, Personalized Medicine, and Genetic Testing.Management Science 64:4648-4668.

Nafus, Dawn, Jamie Sherman. 2014. Big Data, Big Questions| This One Does Not Go Up To 11: The Quantified Self Movement as an Alternative Big Data Practice. Vol. 8, 2014.

Nagin, D., J. Waldfogel. 1995. The effects of criminality and conviction on the labor market status of young British offenders. International Review of Law and Economics 15 (1):109-126. doi: 10.1016/0144-8188(94)00004-E.

Norberg, P. A., D. R. Horne, D. A. Horne. 2007. The privacy paradox: Personal information disclosure intentions versus behaviors. Journal of Consumer Affairs 41 (1):100-126. doi: 10.1111/j.1745-6606.2006.00070.x.

OECD. 2011. Report on the Implementation of the OECD Recommendation on Cross-border Co-operation in the Enforcement of Laws Protecting Privacy. Oecd Digital Economy Papers.

Olejnik, L., T. Minh-Dung, C. Castelluccia. 2014. Selling off privacy at auction. Annual Network and Distributed System Security Symposium (NDSS).

Oster, E., Shoulson, I., & Dorsey, E. R. 2013. Optimal expectations and limited medical testing: evidence from huntington disease: corrigendum. American Economic Review, 103(2), 804-830.

Patsakis, Constantinos, AthanasiosZigomitros, AgustiSolanas. 2015. Analysis of Privacy and Security Exposure in Mobile Dating Applications. Selected Papers of the First International Conference on Mobile.

Png, I. P. L. 2010. On the Value of Privacy from Telemarketing: Evidence from the 'do not Call' Registry.

Posner, R. 1981. The economics of privacy. American Economic Review 71 (2):405-409.

Posner, R. A. 1978. The right of privacy. Georgia Law Review 12 (3):393-422.

Posner, R. A. 1993. Blackmail, Privacy, and Freedom of Contract. University of Pennsylvania Law Review 141 (5):1817-1847.

Qian, J., P. E. Strahan. 2007. How laws and institutions shape financial contracts: The case of bank loans. Journal of Finance 62 (6):2803-2834. doi: 10.1111/j.1540-6261.2007.01293.x.

Raghupathi, W, V Raghupathi. 2014. Big data analytics in healthcare: promise and potential. Health Information Science & Systems 2 (1):3.

Roberds, W., S. L. Schreft. 2009. Data security, privacy, and identity theft: The economics behind the policy debates. Federal Reserve Bank of Chicago Economic Perspectives First Quarter:22-30.

Romanosky, S., R. Telang, A. Acquisti. 2011. Do data breach disclosure laws reduce identity theft? Journal of Policy Analysis and Management 30 (2):256-286. doi: 10.1002/pam.20567.

Sarigol, E., Garcia, D., Schweitzer, F. 2014. Online privacy as a collective phenomenon. Computer Science, 95-106.

Savage, Scott J., Donald M. Waldman. 2015. Privacy tradeoffs in smartphone applications. Economics Letters 137:171-175.

Schwartz, P. M. 1997. Privacy and the Economics of Personal Health Care Information. Texas Law Review 76 (1).

Schwartz, P. M., E. J. Janger. 2007. Notification of data security breaches. Michigan Law Review 105 (5):913-984.

Solove, D. J. 2013. Introduction: Privacy self-management and the consent dilemma. Harvard Law Review 126 (7):1880-1903.

Solove, Daniel J, Danielle Keats Citron. 2016. Risk and Anxiety: A Theory of Data Breach Harms. Social Science Electronic Publishing.

Spence, M. 1973. Job market signaling. Quarterly Journal of Economics 87 (3):355-374. doi: 10.2307/1882010.

Spiegel, Y. 2013. Commercial software, adware, and consumer privacy. International Journal of Industrial Organization 31 (6):702-713. doi: 10.1016/j.ijindorg.2013.03.001.

Spiekermann, Sarah, Jana Korunovska. 2017. Towards a value theory for personal data. Journal of Information Technology 32 (1):62-84.

Stigler, G. J. 1961. The economics of information. Journal of Political Economy 69 (3): 213-225.

Stigler, G. J. 1962. Information in the labor market. Journal of Political Economy 70 (1): 94-105.

Stigler, G. J. 1980. An introduction to privacy in economics and politics. Journal of Legal Studies 9 (4):623-644.

Stone, B. 2010. Ads posted on Facebook Strike some as Off-Key. New York Times.

Stone, E. F., D. L. Stone. 1990. Privacy in organizations: Theoretical issues, research findings, and protection mechanisms. Research in Personnel and Human Resources Management 8 (3):349–411.

Strahilevitz, L. J. 2008. Privacy versus antidiscrimination. University of Chicago Law Review 75 (1):363–381.

Stutzman, F., R. Gross, A. Acquisti. 2012.Silent listeners: The evolution of privacy and disclosure on facebook. Journal of Privacy and Confidentiality 4 (2):7–41.

Sweeney, L. 1997. Weaving Technology and Policy Together to Maintain Confidentiality. Journal of Law, Medicine and Ethics 25 (2–3):98–110. doi: 10.1111/j.1748–720X.1997.tb01885.x.

Sweeney, L. 2013. Discrimination in online ad delivery :google ads, black names and white names, racial discrimination, and click advertising. Queue 11 (3):10–29. doi: 10.1145/2460276.2460278.

Swire, Peter P. 1997. Markets, Self – Regulation, and Government Enforcement in the Protection of Personal Information, in Privacy and Self–Regulation in the Information Age by the U.S. Department of Commerce. Ssrn Electronic Journal 3 (1):1–14.

Taylor, C. R. 2004. Consumer privacy and the market for customer information. RAND Journal of Economics 35 (4):631–650. doi: 10.2307/1593765.

Telang, R., S. Wattal. 2007. An empirical analysis of the impact of software vulnerability announcements on firm stock price. IEEE Transactions on Software Engineering 33 (8):544–557. doi: 10.1109/TSE.2007.70712.

Tsai, J. Y., S. Egelman, L. Cranor, et al. 2011. The effect of online privacy information on purchasing behavior: An experimental study. Information Systems Research 22 (2):254–268. doi: 10.1287/isre.1090.0260.

Tucker, C. E. 2012. The economics of advertising and privacy. International Journal of Industrial Organization 30 (3):326–329. doi: 10.1016/j.ijindorg.2011.11.004.

Tucker, C. E. 2014. Social networks, personalized advertising, and privacy controls. Journal of Marketing Research 51 (5):546–562. doi: 10.1509/jmr.10.0355.

Turow, J., J. King, C. J. Hoofnagle, et al. 2009. Americans reject tailored advertising and three activities that enable it. Americans Reject Tailored Advertising and Three Activities That Enable It.

Valentino–Devries, J., J. Singer–Vine, A. Soltani. 2012. Websites vary prices, deals based on users' information. Wall Street Journal.

Van Alstyne, M. W. 2007. Curing spam: Rights, signals & screens. Economists Voice 4 (2):1–4. doi: 10.2202/1553–3832.1193.

Van Zandt, T. 2004. Information overload in a network of targeted communication. RAND Journal of Economics 35 (3):542–560.

Varian, H. 1997. Economic aspects of personal privacy. Privacy and Self–Regulation in the Information Age.

Varian, H. R. 2010. Computer mediated transactions. American Economic Review 100 (2):1–10. doi: 10.1257/aer.100.2.1.

Varian, H., F. Wallenberg, G. Woroch. 2005. The demographics of the do–not–call list. IEEE Security and Privacy 3 (1):34–39. doi: 10.1109/MSP.2005.28.

Villas–Boas, J. M. 1999. Dynamic competition with customer recognition. RAND Journal of Economics 30 (4):604–631. doi: 10.2307/2556067.

Villas–Boas, J. M. 2004. Price cycles in markets with customer recognition. RAND Journal of Economics 35 (3):486–501. doi: 10.2307/1593704.

Vissers, T., N. Nikiforakis, N. Bielova, et al. 2014. Crying Wolf? On the price discrimination of online airline tickets. The 7th Workshop on Hot Topics in Privacy Enhancing Technologies.

Waldfogel, J. 1994. The effect of criminal conviction on income and the trust reposed in the workmen.Journal of Human Resources 29 (1):62-81.

Warren, S. D., L. D. Brandeis. 1890. The right to privacy. Harvard Law Review 4 (5): 193-220.

Witzleb, Normann, Julian Wagner. 2018. When is Personal Data 'About' or 'Relating To' an Individual? A Comparison of Australian, Canadian and EU Data Protection and Privacy Laws. Social Science Electronic Publishing.

Zhong, Wang, Yu Qian. 2015. Privacy trust crisis of personal data in China in the era of Big Data: The survey and countermeasures. Computer Law & Security Review the International Journal of Technology Law & Practice 31 (6):782-792.

ZuiderveenBorgesius, Frederik, Mireille Van Eechoud, Jonathan Gray. 2015. Open Data, Privacy, and Fair Information Principles: Towards a Balancing Framework. Social Science Electronic Publishing.